LUDWIG ACHIM VON ARNIM

# Der tolle Invalide
# auf dem Fort Ratonneau

———

## Owen Tudor

MIT EINEM NACHWORT VON
KURT WEIGAND

PHILIPP RECLAM JUN. STUTTGART

Der Text folgt den Erstdrucken: für die Erzählung »Der tolle Invalide auf dem Fort Ratonneau« den »Gaben der Milde«, herausgegeben von F. W. Gubitz, Viertes Bändchen, Berlin 1818, S. 75–124, für »Owen Tudor« dem »Taschenbuch zum geselligen Vergnügen auf das Jahr 1821«, Leipzig und Wien, S. 9–73. Orthographie und Interpunktion wurden behutsam modernisiert, die mit Ziffern versehenen Anmerkungen eingefügt.

Universal-Bibliothek Nr. 197
Alle Rechte vorbehalten. Gesamtherstellung: Reclam, Ditzingen
Printed in Germany 1990
RECLAM und UNIVERSAL-BIBLIOTHEK sind eingetragene
Warenzeichen der Philipp Reclam jun. GmbH & Co., Stuttgart
ISBN 3-15-000197-8

# Der tolle Invalide
## auf dem Fort Ratonneau

Graf Dürande, der gute alte Kommandant von Marseille, saß einsam frierend an einem kalt stürmenden Oktoberabende bei dem schlecht eingerichteten Kamine seiner prachtvollen Kommandantenwohnung und rückte immer näher und näher zum Feuer, während die Kutschen zu einem großen Balle in der Straße vorüberrollten und sein Kammerdiener Basset, der zugleich sein liebster Gesellschafter war, im Vorzimmer heftig schnarchte. Auch im südlichen Frankreich ist es nicht immer warm, dachte der alte Herr und schüttelte mit dem Kopfe, die Menschen bleiben auch da nicht immer jung, aber die lebhafte gesellige Bewegung nimmt so wenig Rücksicht auf das Alter wie die Baukunst auf den Winter. Was sollte er, der Chef aller Invaliden, die damals (während des Siebenjährigen Krieges) die Besatzung von Marseille und seiner Forts ausmachten, mit seinem hölzernen Beine auf dem Balle, nicht einmal die Lieutenants seines Regiments waren zum Tanze zu brauchen. Hier am Kamine schien ihm dagegen sein hölzernes Bein höchst brauchbar, weil er den Basset nicht wecken mochte, um den Vorrat grüner Olivenäste, den er sich zur Seite hatte hinlegen lassen, allmählich in die Flamme zu schieben. Ein solches Feuer hat großen Reiz; die knisternde Flamme ist mit dem grünen Laube wie durchflochten, halb brennend, halb grünend erscheinen die Blätter wie verliebte Herzen. Auch der alte Herr dachte dabei an Jugendglanz und vertiefte sich in den Konstruktionen jener Feuerwerke, die er sonst schon für den Hof angeordnet hatte, und spekulierte auf neue, noch mannigfachere Farbenstrahlen und Drehungen, durch welche er am Geburttage des Königs die Marseiller überraschen wollte. Es

3

sah nun leerer in seinem Kopfe als auf dem Balle aus. Aber in der Freude des Gelingens, wie er schon alles strahlen, sausen, prasseln, dann wieder alles in stiller Größe leuchten sah, hatte er immer mehr Olivenäste ins Feuer geschoben und nicht bemerkt, daß sein hölzernes Bein Feuer gefangen hatte und schon um ein Dritteil abgebrannt war. Erst jetzt, als er aufspringen wollte, weil der große Schluß, das Aufsteigen von tausend Raketen, seine Einbildungskraft beflügelte und entflammte, bemerkte er, indem er auf seinen Polsterstuhl zurücksank, daß sein hölzernes Bein verkürzt sei und daß der Rest auch noch in besorglichen Flammen stehe. In der Not, nicht gleich aufkommen zu können, rückte er seinen Stuhl wie einen Piekschlitten[1] mit dem flammenden Beine bis in die Mitte des Zimmers, rief seinen Diener und dann nach Wasser. Mit eifrigem Bemühen sprang ihm in diesem Augenblicke eine Frau zu Hilfe, die, in das Zimmer eingelassen, lange durch ein bescheidnes Husten die Aufmerksamkeit des Kommandanten auf sich zu ziehen gesucht hatte, doch ohne Erfolg. Sie suchte das Feuer mit ihrer Schürze zu löschen, aber die glühende Kohle des Beins setzte die Schürze in Flammen, und der Kommandant schrie nun in wirklicher Not nach Hilfe, nach Leuten. Bald drangen diese von der Gasse herein, auch Basset war erwacht; der brennende Fuß, die brennende Schürze brachte alle ins Lachen, doch mit dem ersten Wassereimer, den Basset aus der Küche holte, war alles gelöscht, und die Leute empfahlen sich. Die arme Frau triefte vom Wasser, sie konnte sich nicht gleich vom Schrecken erholen, der Kommandant ließ ihr seinen warmen Rockelor[2] umhängen und ein Glas starken Wein reichen. Die Frau wollte aber nichts nehmen und schluchzte nur über ihr

---

1. Pickschlitten, Schlitten, der durch das Abstoßen mit Stöcken bewegt wird.
2. Nach dem französischen Herzog von Roquelaure benannter langer Mantel mit breitem Schulterkragen. Im 18. Jh. Reisemantel.

Unglück und bat den Kommandanten, mit ihm einige Worte insgeheim zu sprechen. So schickte er seinen nachlässigen Diener fort und setzte sich sorgsam in ihre Nähe. »Ach, mein Mann«, sagte sie in einem fremden deutschen Dialekte des Französischen, »mein Mann kommt von Sinnen, wenn er die Geschichte hört; ach, mein armer Mann, da spielt ihm der Teufel sicher wieder einen Streich!« Der Kommandant fragte nach dem Manne, und die Frau sagte ihm, daß sie eben wegen dieses ihres lieben Mannes zu ihm gekommen, ihm einen Brief des Obersten vom Regiment Pikardie zu überbringen. Der Oberste setzte die Brille auf, erkannte das Wappen seines Freundes und durchlief das Schreiben, dann sagte er: »Also Sie sind jene Rosalie, eine geborne Demoiselle Lilie aus Leipzig, die den Sergeanten Francœur geheiratet hat, als er, am Kopf verwundet, in Leipzig gefangen lag? Erzählen Sie, das ist eine seltne Liebe! Was waren Ihre Eltern, legten die Ihnen kein Hindernis in den Weg? Und was hat denn Ihr Mann für scherzhafte Grillen als Folge seiner Kopfwunde behalten, die ihn zum Felddienste untauglich machen, obgleich er als der bravste und geschickteste Sergeant, als die Seele des Regiments geachtet wurde?« – »Gnädiger Herr«, antwortete die Frau mit neuer Betrübnis, »meine Liebe trägt die Schuld von allem dem Unglück, ich habe meinen Mann unglücklich gemacht und nicht jene Wunde; meine Liebe hat den Teufel in ihn gebracht und plagt ihn und verwirrt seine Sinne. Statt mit den Soldaten zu exerzieren, fängt er zuweilen an, ihnen ungeheure, ihm vom Teufel eingegebene Sprünge vorzumachen, und verlangt, daß sie ihm diese nachmachen; oder er schneidet ihnen Gesichter, daß ihnen der Schreck in alle Glieder fährt, und verlangt, daß sie sich dabei nicht rühren noch regen, und neulich, was endlich dem Fasse den Boden ausschlug, warf er den kommandierenden General, der in einer Affäre den Rückzug des Regiments befahl, vom

Pferde, setzte sich darauf und nahm mit dem Regimente die Batterie fort.« – »Ein Teufelskerl«, rief der Kommandant, »wenn doch so ein Teufel in alle unsre kommandierende Generale führe, so hätten wir kein zweites Roßbach[3] zu fürchten, ist Ihre Liebe *solche* Teufelsfabrik, so wünschte ich, Sie liebten unsre ganze Armee.« – »Leider im Fluche meiner Mutter«, seufzte die Frau. »Meinen Vater habe ich nicht gekannt. Meine Mutter sah viele Männer bei sich, denen ich aufwarten mußte, das war meine einzige Arbeit. Ich war träumerisch und achtete gar nicht der freundlichen Reden dieser Männer, meine Mutter schützte mich gegen ihre Zudringlichkeit. Der Krieg hatte diese Herren meist zerstreut, die meine Mutter besuchten und bei ihr Hasardspiele[4] heimlich spielten; wir lebten zu ihrem Ärger sehr einsam. Freund und Feind waren ihr darum gleich verhaßt, ich durfte keinem eine Gabe bringen, der verwundet oder hungrig vor dem Hause vorüberging. Das tat mir sehr leid, und einstmals war ich ganz allein und besorgte unser Mittagsessen, als viele Wagen mit Verwundeten vorüberzogen, die ich an der Sprache für Franzosen erkannte, die von den Preußen gefangen worden. Immer wollte ich mit dem fertigen Essen zu jenen hinunter, doch ich fürchtete die Mutter, als ich aber Francœur mit verbundenem Kopfe auf dem letzten Wagen liegen gesehen, da weiß ich nicht, wie mir geschah; die Mutter war vergessen, ich nahm Suppe und Löffel, und ohne unsre Wohnung abzuschließen, eilte ich dem Wagen nach in die Pleißenburg[5]. Ich fand ihn; er war schon abgestiegen, dreist redete ich die Aufseher an und wußte dem Verwundeten gleich das beste Strohlager zu erflehen. Und als er daraufgelegt, welche

3. In der Schlacht bei Roßbach am 5. November 1757 besiegte Friedrich der Große die zahlenmäßig weit überlegenen Streitkräfte der Franzosen und der Reichsarmee.
4. Glücksspiele.
5. Im 16. Jh. vom Kurfürsten Moritz von Sachsen erbaute Stadtfestung Leipzigs.

Seligkeit, dem Notleidenden die warme Suppe zu reichen! Er wurde munter in den Augen und schwor mir, daß ich einen Heiligenschein um meinen Kopf trage. Ich antwortete ihm, das sei meine Haube, die sich im eiligen Bemühen um ihn aufgeschlagen. Er sagte, der Heiligenschein komme aus meinen Augen! Ach, das Wort konnte ich gar nicht vergessen, und hätte er mein Herz nicht schon gehabt, ich hätte es ihm dafür schenken müssen.« – »Ein wahres, ein schönes Wort!« sagte der Kommandant, und Rosalie fuhr fort: »Das war die schönste Stunde meines Lebens, ich sah ihn immer eifriger an, weil er behauptete, daß es ihm wohltue, und als er mir endlich einen kleinen Ring an den Finger steckte, fühlte ich mich so reich, wie ich noch niemals gewesen. In diese glückliche Stille trat meine Mutter scheltend und fluchend ein; ich kann nicht nachsagen, wie sie mich nannte, ich schämte mich auch nicht, denn ich wußte, daß ich schuldlos war und daß er Böses nicht glauben würde. Sie wollte mich fortreißen, aber er hielt mich fest und sagte ihr, daß wir verlobt wären, ich trüge schon seinen Ring. Wie verzog sich das Gesicht meiner Mutter; mir war's, als ob eine Flamme aus ihrem Halse brenne, und ihre Augen kehrte sie in sich, sie sahen ganz weiß aus; sie verfluchte mich und übergab mich mit feierlicher Rede dem Teufel. Und wie so ein heller Schein durch meine Augen am Morgen gelaufen, als ich Francœur gesehen, so war mir jetzt, als ob eine schwarze Fledermaus ihre durchsichtigen Flügeldecken über meine Augen legte; die Welt war mir halb verschlossen, und ich gehörte mir nicht mehr ganz. Mein Herz verzweifelte, und ich mußte lachen. ›Hörst du, der Teufel lacht schon aus dir!‹ sagte die Mutter und ging triumphierend fort, während ich ohnmächtig niederstürzte. Als ich wieder zu mir gekommen, wagte ich nicht, zu ihr zu gehen und den Verwundeten zu verlassen, auf den der Vorfall schlimm gewirkt hatte; ja ich trotzte heimlich der Mutter wegen des Schadens, den sie dem Unglücklichen getan. Erst am dritten Tage schlich ich, ohne es Francœur zu sagen, abends nach dem Hause, wagte nicht anzuklopfen, endlich trat eine Frau, die uns bedient hatte, heraus und berichtete, die Mutter habe ihre Sachen schnell verkauft und sei mit einem fremden Herrn, der ein Spieler sein sollte, fortgefahren, und niemand wisse wohin. So war ich nun von aller Welt ausgestoßen, und es tat mir wohl, so entfesselt von jeder Rücksicht in die Arme meines Francœur zu fallen. Auch meine jugendlichen Bekanntinnen in der Stadt wollten mich nicht mehr kennen, so konnte ich ganz ihm und seiner Pflege leben. Für ihn arbeitete ich; bisher hatte ich nur mit dem Spitzenklöppeln zu meinem Putze gespielt, ich schämte mich nicht, diese meine Handarbeiten zu verkaufen, ihm brachte es Bequemlichkeit und Erquickung. Aber immer mußte ich der Mutter denken, wenn seine Lebendigkeit im Erzählen mich nicht zerstreute; die Mutter erschien mir schwarz mit flammenden Augen, immer fluchend vor meinen inneren Augen, und ich konnte sie nicht loswerden. Meinem Francœur wollte ich nichts sagen, um ihm nicht das Herz schwer zu machen; ich klagte über Kopfweh, das ich nicht hatte, über Zahnweh, das ich nicht fühlte, um weinen zu können, wie ich mußte. Ach hätte ich damals mehr Vertrauen zu ihm gehabt, ich hätte sein Unglück nicht gemacht, aber jedesmal, wenn ich ihm erzählen wollte, daß ich durch den Fluch der Mutter vom Teufel besessen zu sein glaubte, schloß mir der Teufel den Mund, auch fürchtete ich, daß er mich dann nicht mehr lieben könne, daß er mich verlassen würde, und den bloßen Gedanken konnte ich kaum überleben. Diese innere Qual, vielleicht auch die angestrengte Arbeit zerrüttete endlich meinen Körper, heftige Krämpfe, die ich ihm verheimlichte, drohten mich zu ersticken, und Arzeneien schienen diese Übel nur zu mehren. Kaum war er hergestellt, so wurde die Hochzeit von ihm angeordnet. Ein alter Geistlicher hielt eine feierliche Rede, in der er meinem Francœur alles ans Herz legte, was ich für ihn getan, wie ich ihm Vaterland, Wohlstand und Freundschaft zum Opfer gebracht, selbst den mütterlichen Fluch auf mich geladen, alle diese Not müsse er mit mir teilen, alles Unglück gemeinsam tragen. Meinem Manne schauderte bei den Worten, aber er sprach doch ein vernehmliches Ja, und wir wurden vermählt. Selig waren die ersten Wochen, ich fühlte mich zur Hälfte von meinen Leiden erleichtert und ahnete nicht gleich, daß eine Hälfte des Fluchs zu meinem Manne übergegangen sei. Bald aber klagte er, daß jener Prediger in seinem schwarzen Kleide ihm immer vor Augen stehe und ihm drohe, daß er dadurch einen so heftigen Zorn und Widerwillen gegen Geistliche, Kirchen und heilige Bilder empfinde, daß er ihnen fluchen müsse und wisse nicht warum, und um sich diesen Gedanken zu entschlagen, überlasse er sich jedem Einfall, er tanze und trinke, und so in dem Umtriebe des Bluts werde ihm besser. Ich schob alles auf die Gefangenschaft, obgleich ich wohl ahnete, daß es der Teufel sei, der ihn plage. Er wurde ausgewechselt durch die Vorsorge seines Obersten, der ihn beim Regimente wohl vermißt hatte, denn Francœur ist ein außerordentlicher Soldat. Mit leichtem Herzen zogen wir aus Leipzig und bildeten eine schöne Zukunft in unsern Gesprächen aus. Kaum waren wir aber aus der Not ums tägliche Bedürfnis zum Wohlleben der gut versorgten Armee in die Winterquartiere gekommen, so stieg die Heftigkeit meines Mannes mit jedem Tage, er trommelte tagelang, um sich zu zerstreuen, zankte, machte Händel, der Oberst konnte ihn nicht begreifen; nur mit mir war er sanft wie ein Kind. Ich wurde von einem Knaben entbunden, als der Feldzug sich wieder eröffnete, und mit der Qual der Geburt schien der Teufel, der mich geplagt, ganz von mir gebannt. Francœur wurde immer mutwilliger und heftiger. Der Oberste schrieb mir, er sei tollkühn wie ein Rasender, aber bisher immer glücklich gewesen; seine Kameraden meinten, er sei zuweilen wahnsinnig, und er fürchte, ihn unter die Kranken oder Invaliden abgeben zu müssen. Der Oberst hatte einige Achtung gegen mich, er hörte auf meine Vorbitte, bis endlich seine Wildheit gegen den kommandierenden General dieser Abteilung, die ich schon erzählte, ihn in Arrest brachte, wo der Wundarzt erklärte, er leide wegen der Kopfwunde, die ihm in der Gefangenschaft vernachlässigt worden, an Wahnsinn und müsse wenigstens ein paar Jahre im warmen Klima bei den Invaliden zubringen, ob sich dieses Übel vielleicht ausscheide. Ihm wurde gesagt, daß er zur Strafe wegen seines Vergehens unter die Invaliden komme, und er schied mit Verwünschungen vom Regimente. Ich bat mir das Schreiben vom Obersten aus, ich beschloß, Ihnen zutraulich alles zu eröffnen, damit er nicht nach der Strenge des Gesetzes, sondern nach seinem Unglück, dessen einzige Ursache meine Liebe war, beurteilt werde und daß Sie ihn zu seinem Besten in eine kleine, abgelegene Ortschaft legen, damit er hier in der großen Stadt nicht zum Gerede der Leute wird. Aber, gnädiger Herr, Ihr Ehrenwort darf eine Frau schon fordern, die Ihnen heut einen kleinen Dienst erwiesen, daß Sie dies Geheimnis seiner Krankheit, welches er selbst nicht ahnet und das seinen Stolz empören würde, unverbrüchlich bewahren.« – »Hier meine Hand«, rief der Kommandant, der die eifrige Frau mit Wohlgefallen angehört hatte, »noch mehr, ich will Ihre Vorbitte dreimal erhören, wenn Francœur dumme Streiche macht. Das Beste aber ist, diese zu vermeiden, und darum schicke ich ihn gleich zur Ablösung nach einem Fort, das nur drei Mann Besatzung braucht; Sie finden da für sich und für Ihr Kind eine bequeme Wohnung, er hat da wenig Veranlassung zu Torheiten, und die er begeht, bleiben verschwiegen.« Die Frau dankte für diese gütige Vorsorge, küßte dem alten Herrn die Hand, und er leuchtete ihr dafür, als sie mit vielen Knixen die Treppe hinunterging. Das verwunderte den alten Kammerdiener Basset, und es fuhr ihm durch den Kopf, was seinem Alten ankomme: ob der wohl gar mit der brennenden Frau eine Liebschaft gestiftet habe, die seinem Einflusse nachteilig werden könne. Nun hatte der alte Herr die Gewohnheit, abends im Bette, wenn er nicht schlafen konnte, alles, was am Tage geschehen, laut zu überdenken, als ob er dem Bette seine Beichte hätte abstatten müssen. Und während nun die Wagen vom Balle zurückrollten und ihn wach erhielten, lauerte Basset im andern Zimmer und hörte die ganze Unterredung, die ihm um so wichtiger schien, weil Francœur sein Landsmann und Regimentskamerad gewesen, obgleich er viel älter als Francœur war. Und nun dachte er gleich an einen Mönch, den er kannte, der schon manchem den Teufel ausgetrieben hatte, und zu dem wollte er Francœur bald hinführen; er hatte eine rechte Freude am Quacksalbern und freute sich einmal wieder, einen Teufel austreiben zu sehen. Rosalie hatte, sehr befriedigt über den Erfolg ihres Besuchs, gut geschlafen; sie kaufte am Morgen eine neue Schürze und trat mit dieser ihrem Manne entgegen, der mit entsetzlichem Gesange seine müden Invaliden in die Stadt führte. Er küßte sie, hob sie in die Luft und sagte ihr: »Du riechst nach dem trojanischen Brande, ich habe dich wieder, schöne Helena!« – Rosalie entfärbte sich und hielt es für nötig, als er fragte, ihm zu eröffnen, daß sie wegen der Wohnung beim Obersten gewesen, daß diesem gerade das Bein in Flammen gestanden und daß ihre Schürze verbrannt. Ihm war es nicht recht, daß sie nicht bis zu seiner Ankunft gewartet habe, doch vergaß er das in tausend Späßen über die brennende Schürze. Er stellte darauf seine Leute dem Kommandanten vor, rühmte alle ihre leiblichen Gebrechen und geistigen Tugenden so artig, daß er des alten Herrn Wohlwollen erwarb, der so in sich meinte: Die Frau

11

liebt ihn, aber sie ist eine Deutsche und versteht keinen Franzosen; ein Franzose hat immer den Teufel im Leibe! – Er ließ ihn ins Zimmer kommen, um ihn näher kennenzulernen, fand ihn im Befestigungswesen wohl unterrichtet, und was ihn noch mehr entzückte: er fand in ihm einen leidenschaftlichen Feuerkünstler, der bei seinem Regimente schon alle Arten Feuerwerke ausgearbeitet hatte. Der Kommandant trug ihm seine neue Erfindung zu einem Feuerwerke am Geburttage des Königs vor, bei welcher ihn gestern der Beinbrand gestört hatte, und Francœur ging mit funkelnder Begeisterung darauf ein. Nun eröffnete ihm der Alte, daß er mit zwei andern Invaliden die kleine Besatzung des Forts Ratonneau ablösen sollte, dort sei ein großer Pulvervorrat, und dort solle er mit seinen beiden Soldaten fleißig Raketen füllen, Feuerräder drehen und Frösche binden. Indem der Kommandant ihm den Schlüssel des Pulverturms und das Inventarium reichte, fiel ihm die Rede der Frau ein, und er hielt ihn mit den Worten noch fest: »Aber kann plagt doch nicht der Teufel, und Ihr stiftet mir Unheil?« – »Man darf den Teufel nicht an die Wand malen, sonst hat man ihn im Spiegel«, antwortete Francœur mit einem gewissen Zutrauen. Das gab dem Kommandanten Vertrauen, er reichte ihm den Schlüssel, das Inventarium und den Befehl an die jetzige kleine Garnison, auszuziehn. So wurde er entlassen, und auf dem Hausflur fiel ihm Basset um den Hals, sie hatten sich gleich erkannt und erzählten einander in aller Kürze, wie es ihnen ergangen. Doch weil Francœur an große Strenge in allem Militärischen gewöhnt war, so riß er sich los und bat ihn auf den nächsten Sonntag, wenn er abkommen könnte, zu Gast nach dem Fort Ratonneau, zu dessen Kommandanten, der er selbst zu sein die Ehre habe.

Der Einzug auf dem Fort war für alle gleich fröhlich, die abziehenden Invaliden hatten die schöne Aussicht auf Marseille bis zum Überdruß genossen, und die

Einziehenden waren entzückt über die Aussicht, über das zierliche Werk, über die bequemen Zimmer und Betten; auch kauften sie von den Abziehenden ein paar Ziegen, ein Taubenpaar, ein Dutzend Hühner und die Kunststücke, um in der Nähe einiges Wild in aller Stille belauern zu können; denn müßige Soldaten sind ihrer Natur nach Jäger. Als Francœur sein Kommando angetreten, befahl er sogleich seinen beiden Soldaten, Brunet und Tessier, mit ihm den Pulverturm zu eröffnen, das Inventarium durchzugehen, um dann einen gewissen Vorrat zur Feuerwerkerarbeit in das Laboratorium zu tragen. Das Inventarium war richtig, und er beschäftigte gleich einen seiner beiden Soldaten mit den Arbeiten zum Feuerwerk; mit dem andern ging er zu allen Kanonen und Mörsern, um die metallnen zu polieren und die eisernen schwarz anzustreichen. Bald füllte er auch eine hinlängliche Zahl Bomben und Granaten, ordnete auch alles Geschütz so, wie es stehen mußte, um den einzigen Aufgang nach dem Fort zu bestreichen. »Das Fort ist nicht zu nehmen!« rief er einmal über das andre begeistert. »Ich will das Fort behaupten, auch wenn die Engländer mit hunderttausend Mann landen und stürmen! Aber die Unordnung war hier groß!« – »So sieht es überall auf den Forts und Batterien aus«, sagte Tessier, »der alte Kommandant kann mit seinem Stelzfuß nicht mehr so weit steigen, und gottlob! bis jetzt ist es den Engländern noch nicht eingefallen, zu landen.« – »Das muß anders werden«, rief Francœur, »ich will mir lieber die Zunge verbrennen, ehe ich zugebe, daß unsre Feinde Marseille einäschern oder wir sie doch fürchten müssen.«

Die Frau mußte ihm helfen, das Mauerwerk von Gras und Moos zu reinigen, es abzuweißen[6] und die Lebensmittel in den Kasematten[7] zu lüften. In den ersten Tagen wurde fast nicht geschlafen, so trieb der

6. zu überweißen, übertünchen.
7. schußsichere Räume einer Festung.

unermüdliche Francœur zur Arbeit, und seine geschickte Hand fertigte in dieser Zeit, wozu ein anderer wohl einen Monat gebraucht hätte. Bei dieser Tätigkeit ließen ihn seine Grillen ruhen; er war hastig, aber alles zu einem festen Ziele, und Rosalie segnete den Tag, der ihn in diese höhere Luftregion gebracht, wo der Teufel keine Macht über ihn zu haben schien. Auch die Witterung hatte sich durch Wendung des Windes erwärmt und erhellt, daß ihnen ein neuer Sommer zu begegnen schien; täglich liefen Schiffe im Hafen ein und aus, grüßten und wurden begrüßt von den Forts am Meere. Rosalie, die nie am Meere gewesen, glaubte sich in eine andere Welt versetzt, und ihr Knabe freute sich, nach so mancher harten Einkerkerung auf Wagen und in Wirtsstuben, der vollen Freiheit in dem eingeschlossenen kleinen Garten des Forts, den die früheren Bewohner nach Art der Soldaten, besonders der Artilleristen, mit den künstlichsten mathematischen Linienverbindungen in Buchsbaum geziert hatten. Über [dem Fort[8]] flatterte die Fahne mit den Lilien, der Stolz Francœurs, ein segenreiches Zeichen der Frau, die eine geborne Lilie, die liebste Unterhaltung des Kindes. So kam der erste Sonntag, von allen gesegnet, und Francœur befahl seiner Frau, für den Mittag ihm etwas Gutes zu besorgen, wo er seinen Freund Basset erwarte, insbesondre machte er Anspruch auf einen guten Eierkuchen, denn die Hühner des Forts legten fleißig, lieferte auch eine Zahl wilder Vögel, die Brunet geschossen hatte, in die Küche. Unter diesen Vorbereitungen kam Basset hinaufgekeucht und war entzückt über die Verwandlung des Forts, erkundigte sich auch im Namen des Kommandanten nach dem Feuerwerke und erstaunte über die große Zahl fertiger Raketen und Leuchtkugeln. Die Frau ging nun an ihre Küchenarbeit, die beiden Soldaten zogen aus, um Früchte zur Mahlzeit zu holen, alle

8. Ergänzung nach der Ausgabe von Reinhold Steig, Leipzig (1911).

14

wollten an dem Tage recht selig schwelgen und sich die Zeitung vorlesen lassen, die Basset mitgebracht hatte. Im Garten saß nun Basset dem Francœur gegenüber und sah ihn stillschweigend an, dieser fragte nach der Ursache. »Ich meine, Ihr seht so gesund aus wie sonst, und alles, was Ihr tut, ist so vernünftig.« – »Wer zweifelt daran?« fragte Francœur mit einer Aufwallung, »das will ich wissen!« – Basset suchte umzulenken, aber Francœur hatte etwas Furchtbares in seinem Wesen, sein dunkles Auge befeuerte sich, sein Kopf erhob sich, seine Lippen drängten sich vor. Das Herz war schon dem armen Schwätzer Basset gefallen, er sprach, dünnstimmig wie eine Violine, von Gerüchten beim Kommandanten: er sei vom Teufel geplagt, von seinem guten Willen, ihn durch einen Ordensgeistlichen, den Vater Philip, exorzieren[9] zu lassen, den er deswegen vor Tische hinaufbestellt habe, unter dem Vorwande, daß er eine Messe der vom Gottesdienst entfernten Garnison in der kleinen Kapelle lesen müsse. Francœur entsetzte sich über die Nachricht, er schwur, daß er sich blutig an dem rächen wolle, der solche Lüge über ihn ausgebracht, er wisse nichts vom Teufel, und wenn es gar keinen gebe, so habe er auch nichts dagegen einzuwenden, denn er habe nirgends die Ehre seiner Bekanntschaft gemacht. Basset sagte, er sei ganz unschuldig, er habe die Sache vernommen, als der Kommandant mit sich laut gesprochen habe, auch sei ja dieser Teufel die Ursache, warum Francœur vom Regimente fortgekommen. »Und wer brachte dem Kommandanten die Nachricht?« fragte Francœur zitternd. »Eure Frau«, antwortete jener, »aber in der besten Absicht, um Euch zu entschuldigen, wenn Ihr hier wilde Streiche machtet.« – »Wir sind geschieden!« schrie Francœur und schlug sich vor den Kopf, »sie hat mich verraten, mich vernichtet, hat Heimlichkeiten mit dem Kommandan-

9. *exorzieren:* den Teufel durch Beschwörung austreiben.

ten, sie hat unendlich viel für mich getan und gelitten, sie hat mir unendlich wehe getan, ich bin ihr nichts mehr schuldig, wir sind geschieden!« – Allmählich schien er stiller zu werden, je lauter es in ihm wurde; er sah wieder den schwarzen Geistlichen vor Augen, wie die vom tollen Hunde Gebissenen den Hund immer zu sehen meinen, da trat Vater Philip in den Garten, und er ging mit Heftigkeit auf ihn zu, um zu fragen, was er wolle. Dieser meinte, seine Beschwörung anbringen zu müssen, redete den Teufel heftig an, indem er seine Hände in kreuzenden Linien über Francœur bewegte. Das alles empörte Francœur, er gebot ihm, als Kommandant des Forts, den Platz sogleich zu verlassen. Aber der unerschrockne Philip eiferte um so heftiger gegen den Teufel in Francœur, und als er sogar seinen Stab erhob, ertrug Francœurs militärischer Stolz diese Drohung nicht. Mit wütender Stärke ergriff er den kleinen Philip bei seinem Mantel und warf ihn über das Gitter, das den Eingang schützte, und wäre der gute Mann nicht an den Spitzen des Türgitters mit dem Mantel hängengeblieben, er hätte einen schweren Fall die steinerne Treppe hinunter gemacht. Nahe diesem Gitter war der Tisch gedeckt, das erinnerte Francœur an das Essen. Er rief nach dem Essen, und Rosalie brachte es, etwas erhitzt vom Feuer, aber sehr fröhlich, denn sie bemerkte nicht den Mönch außer dem Gitter, der sich kaum vom ersten Schrecken erholt hatte und still vor sich betete, um neue Gefahr abzuwenden; kaum beachtete sie, daß ihr Mann und Basset, jener finster, dieser verlegen, nach dem Tische blickten. Sie fragte nach den beiden Soldaten, aber Francœur sagte: »Sie können nachessen, ich habe Hunger, daß ich die Welt zerreißen könnte.« Darauf legte sie die Suppe vor und gab Basset aus Artigkeit das meiste, dann ging sie nach der Küche, um den Eierkuchen zu backen. »Wie hat denn meine Frau dem Kommandanten gefallen?« fragte Francœur. »Sehr gut«, antwortete Basset, »er wünschte, daß es ihm in der Gefangenschaft so gut geworden wäre wie Euch.« – »Er soll sie haben!« antwortete er. »Nach den beiden Soldaten, die fehlen, fragte sie, was mir fehlt, das fragte sie nicht; Euch suchte sie als einen Diener des Kommandanten zu gewinnen, darum füllte sie Euren Teller, daß er überfloß, Euch bot sie das größte Glas Wein an, gebt Achtung, sie bringt Euch auch das größte Stück Eierkuchen. Wenn das der Fall ist, dann stehe ich auf, dann führt sie nur fort und laßt mich hier allein.« – Basset wollte antworten, aber im Augenblicke trat die Frau mit dem Eierkuchen herein. Sie hatte ihn schon in drei Stücke geschnitten, ging zu Basset und schob ihm ein Stück mit den Worten auf den Teller: »Einen bessern Eierkuchen findet Ihr nicht beim Kommandanten, Ihr müßt mich rühmen!« – Finster blickte Francœur in die Schüssel, die Lücke war fast so groß wie die beiden Stücke, die noch blieben, er stand auf und sagte: »Es ist nicht anders, wir sind geschieden!« Mit diesen Worten ging er nach dem Pulverturme, schloß die eiserne Türe auf, trat ein und schloß sie wieder hinter sich zu. Die Frau sah ihm verwirrt nach und ließ die Schüssel fallen. »Gott, ihn plagt der Böse; wenn er nur nicht Unheil stiftet im Pulverturm.« – »Ist das der Pulverturm?« rief Basset, »er sprengt sich in die Luft, rettet Euch und Euer Kind!« Mit diesem Worte lief er fort, auch der Mönch wagte sich nicht wieder herein und lief ihm nach. Rosalie eilte in die Wohnung zu ihrem Kinde, riß es aus dem Schlafe, aus der Wiege, sie wußte nichts mehr von sich, bewußtlos, wie sie Francœur einst gefolgt, so entfloh sie ihm mit dem Kinde und sagte vor sich hin: »Kind, das tue ich nur deinetwegen, mir wäre besser, mit ihm zu sterben; Hagar[10], du hast nicht gelitten wie ich, denn ich verstoße mich selbst!« – Unter solchen Gedanken kam sie herab auf einem falschen Wege und

10. Nach 1. Mose 21 trieb Abraham sein Kebsweib Hagar und deren Sohn Ismael in die Wüste.

stand am sumpfigen Ufer des Flusses. Sie konnte aus
Ermattung nicht mehr gehen und setzte sich deswegen
in einen Nachen, der, nur leicht ans Ufer gefahren,
leicht abzustoßen war, und ließ sich den Fluß herab-
treiben; sie wagte nicht umzublicken, wenn am Hafen
ein Schuß geschah, meinte sie, das Fort sei gesprengt
und ihr halbes Leben verloren, so verfiel sie allmählich
in einen dumpfen fieberartigen Zustand.

Unterdessen waren die beiden Soldaten, mit Äpfeln
und Trauben bepackt, in die Nähe des Forts gekommen, aber Francœurs starke Stimme rief ihnen, indem
er eine Flintenkugel über ihre Köpfe abfeuerte: »Zurück!« Dann sagte er durch das Sprachrohr: »An der
hohen Mauer werde ich mit euch reden, ich habe hier
allein zu befehlen und will auch allein hier leben, so-
lange es dem Teufel gefällt!« Sie wußten nicht, was
das bedeuten solle, aber es war nichts anders zu tun,
als dem Willen des Sergeanten Folge zu leisten. Sie
gingen herab zu dem steilen Abhange des Forts, welcher die hohe Mauer hieß, und kaum waren sie dort
angelangt, so sahen sie Rosaliens Bette und des Kindes
Wiege an einem Seile niedersinken, dem folgten ihre
Betten und Geräte, und Francœur rief durch das
Sprachrohr: »Das Eurige nehmt; Bette, Wiege und
Kleider meiner entlaufenen Frau bringt zum Kommandanten, da werdet ihr sie finden; sagt, das schicke ihr
Satanas, und diese alte Fahne, um ihre Schande mit
dem Kommandanten zuzudecken!« Bei diesen Worten
warf er die große französische Flagge, die auf dem
Fort geweht hatte, herab und fuhr fort: »Dem Kommandanten lasse ich hierdurch Krieg erklären, er mag
sich waffnen bis zum Abend, dann werde ich mein
Feuer eröffnen; er soll nicht schonen, denn ich schone
ihn beim Teufel nicht; er soll alle seine Hände ausstrecken, er wird mich doch nicht fangen; er hat mir
den Schlüssel zum Pulverturm gegeben, ich will ihn
brauchen, und wenn er mich zu fassen meint, fliege ich

18

mit ihm gen Himmel, vom Himmel in die Hölle, das wird Staub geben.« – Brunet wagte endlich zu reden und rief hinauf: »Gedenkt an unsern gnädigsten König, daß der über Euch steht, ihm werdet Ihr doch nicht widerstreben.« Dem antwortete Francœur: »In mir ist der König aller Könige dieser Welt, in mir ist der Teufel, und im Namen des Teufels sage ich euch, redet kein Wort, sonst zerschmettere ich euch!« – Nach dieser Drohung packten beide stillschweigend das Ihre zusammen und ließen das übrige stehen; sie wußten, daß oben große Steinmassen angehäuft waren, die unter der steilen Felswand alles zerschmettern konnten. Als sie nach Marseille zum Kommandanten kamen, fanden sie ihn schon in Bewegung, denn Basset hatte ihn von allem unterrichtet; er sendete die beiden Ankommenden mit einem Wagen nach dem Fort, um die Sachen der Frau gegen den drohenden Regen zu sichern, andere sandte er aus, um die Frau mit dem Kinde aufzufinden, während er die Offiziere bei sich versammelte, um mit ihnen zu überlegen, was zu tun sei. Die Besorgnis dieses Kriegsrats richtete sich besonders auf den Verlust des schönen Forts, wenn es in die Luft gesprengt würde; bald kam aber ein Abgesandter der Stadt, wo sich das Gerücht verbreitet hatte, und stellte den Untergang des schönsten Teiles der Stadt als ganz unvermeidlich dar. Es wurde allgemein anerkannt, daß mit Gewalt nicht verfahren werden dürfe, denn Ehre sei nicht gegen einen einzelnen Menschen zu erringen, wohl aber ein ungeheurer Verlust durch Nachgiebigkeit abzuwenden; der Schlaf werde die Wut Francœurs doch endlich überwinden, dann sollten entschlossene Leute das Fort erklettern und ihn fesseln. Dieser Ratschluß war kaum gefaßt, so wurden die beiden Soldaten eingeführt, welche Rosaliens Betten und Gerät zurückgebracht hatten. Sie hatten eine Bestellung Francœurs zu überbringen, daß ihm der Teufel verraten, sie wollten ihn im Schlafe fangen, aber er warne sie aus

Liebe zu einigen Teufelskameraden, die zu dem Unternehmen gebraucht werden sollten, denn er werde ruhig in seinem verschlossenen Pulverturme mit geladenen Gewehren schlafen, und ehe sie die Türe erbrechen könnten, wäre er längst erwacht und der Turm, mit einem Schusse in die Pulverfässer, zersprengt. »Er hat recht«, sagte der Kommandant, »er kann nicht anders handeln, wir müssen ihn aushungern.« – »Er hat den ganzen Wintervorrat für uns alle hinaufgeschafft«, bemerkte Brunet, »wir müssen wenigstens ein halbes Jahr warten, auch sagte er, daß ihm die vorbeifahrenden Schiffe, welche die Stadt versorgen, reichlichen Zoll geben sollten, sonst bohre er sie in den Grund, und zum Zeichen, daß niemand in der Nacht fahren sollte ohne seine Bewilligung, werde er am Abend einige Kugeln über den Fluß sausen lassen.« – »Wahrhaftig, er schießt!« rief einer der Offiziere, und alle liefen nach einem Fenster des obern Stockwerks. Welch ein Anblick! An allen Ecken des Forts eröffneten die Kanonen ihren feurigen Rachen, die Kugeln sausten durch die Luft, in der Stadt versteckte sich die Menge mit großem Geschrei, und nur einzelne wollten ihren Mut im kühnen Anschauen der Gefahr beweisen. Aber sie wurden auch reichlich dafür belohnt, denn mit hellem Lichte schoß Francœur einen Bündel Raketen aus einer Haubitze in die Luft und einen Bündel Leuchtkugeln aus einem Mörser, denen er aus Gewehren unzählige andre nachsandte. Der Kommandant versicherte, diese Wirkung sei trefflich, er habe es nie gewagt, Feuerwerke mit Wurfgeschütz in die Luft zu treiben, aber die Kunst werde dadurch gewissermaßen zu einer meteorischen, der Francœur verdiene schon deswegen begnadigt zu werden.

Diese nächtliche Erleuchtung hatte eine andre Wirkung, die wohl in keines Menschen Absicht lag; sie rettete Rosalien und ihrem Kinde das Leben. Beide waren in dem ruhigen Treiben des Kahnes eingeschlummert, und Rosalie sah im Traume ihre Mutter von innerlichen Flammen durchleuchtet und verzehrt und fragte sie, warum sie so leide. Da war's, als ob eine laute Stimme ihr in die Ohren rief: »Mein Fluch brennt mich wie dich, und kannst du ihn nicht lösen, so bleib ich eigen allem Bösen.« Sie wollte noch mehr sprechen, aber Rosalie war schon aufgeschreckt, sah über sich den Bündel Leuchtkugeln im höchsten Glanze, hörte neben sich einen Schiffer rufen: »Steuert links, wir fahren sonst ein Boot in den Grund, worin ein Weib mit einem Kinde sitzt.« Und schon rauscht die vordere Spitze eines großen Flußschiffes wie ein geöffneter Walfischrachen hinter ihr, da wandte er sich links, aber ihr Nachen wurde doch seitwärts nachgerissen. »Helft meinem armen Kinde!« rief sie, und der Haken eines Stangenruders verband sie mit dem großen Schiffe, das bald darauf Anker warf. »Wäre das Feuerwerk auf dem Fort Ratonneau nicht aufgegangen«, rief der eine Schiffer, »ich hätte Euch nicht gesehen, und wir hätten Euch ohne bösen Willen in den Grund gesegelt, wie kommt Ihr so spät und allein aufs Wasser, warum habt Ihr uns nicht angeschrien?« Rosalie beantwortete schnell die Fragen und bat nur dringend, sie nach dem Hause des Kommandanten zu bringen. Der Schiffer gab ihr aus Mitleid seinen Jungen zum Führer.

Sie fand alles in Bewegung beim Kommandanten, sie bat ihn, seines Versprechens eingedenk zu sein, daß er ihrem Manne drei Versehen verzeihen wolle. Er leugnete, daß von solchen Versehen die Rede gewesen, es sei über Scherz und Grillen geklagt worden, das sei aber ein teuflischer Ernst. – »So ist das Unrecht auf Eurer Seite«, sagte die Frau gefaßt, denn sie fühlte sich nicht mehr schicksallos, »auch habe ich den Zustand des armen Mannes angezeigt, und doch habt Ihr ihm einen so gefährlichen Posten vertraut; Ihr habt mir Geheimnis angelobt, und doch habt Ihr alles an Basset, Euren Diener, erzählt, der uns mit seiner törichten

Klugheit und Vorwitzigkeit in das ganze Unglück gestürzt hat; nicht mein armer Mann, Ihr seid an allem Unglück schuld, Ihr müßt dem Könige davon Rechenschaft geben.« – Der Kommandant verteidigte sich gegen den Vorwurf, daß er etwas dem Basset erzählt habe, dieser gestand, daß er ihn im Selbstgespräche belauscht, und so war die ganze Schuld auf seine Seele geschoben. Der alte Mann sagte, daß er den andern Tag sich vor dem Fort wolle totschießen lassen, um seinem Könige die Schuld mit seinem Leben abzuzahlen, aber Rosalie bat ihn, sich nicht zu übereilen, er möge bedenken, daß sie ihn schon einmal aus dem Feuer gerettet habe. Ihr wurde ein Zimmer im Hause des Kommandanten angewiesen, und sie brachte ihr Kind zur Ruhe, während sie selbst mit sich zu Rate ging und zu Gott flehte, ihr anzugeben, wie sie ihre Mutter den Flammen und ihren Mann dem Fluche entreißen könne. Aber auf ihren Knien versank sie in einen tiefen Schlaf und war sich am Morgen keines Traumes, keiner Eingebung bewußt. Der Kommandant, der schon früh einen Versuch gegen das Fort gemacht hatte, kam verdrießlich zurück. Zwar hatte er keine Leute verloren, aber Francœur hatte so viele Kugeln mit solcher Geschicklichkeit links und rechts und über sie hinsausen lassen, daß sie ihr Leben nur seiner Schonung dankten. Den Fluß hatte er durch Signalschüsse gesperrt, auch auf der Chaussee durfte niemand fahren, kurz, aller Verkehr der Stadt war für diesen Tag gehemmt, und die Stadt drohete, wenn der Kommandant nicht vorsichtig verfahre, sondern wie in Feindes Land ihn zu belagern denke, daß sie die Bürger aufbieten und mit den Invaliden schon fertig werden wolle.

Drei Tage ließ sich der Kommandant so hinhalten, jeden Abend verherrlichte ein Feuerwerk, jeden Abend erinnerte Rosalie an sein Versprechen der Nachsicht. Am dritten Abend sagte er ihr, der Sturm sei auf den andern Mittag festgesetzt, die Stadt gebe nach, weil aller Verkehr gestört sei und endlich Hungersnot ausbrechen könne. Er werde den Eingang stürmen, während ein andrer Teil von der andern Seite heimlich anzuklettern suche, so daß diese vielleicht früher ihrem Manne in den Rücken kämen, ehe er nach dem Pulverturm springen könne; es werde Menschen kosten, der Ausgang sei ungewiß, aber er wolle den Schimpf von sich ablenken, daß durch seine Feigheit ein toller Mensch zu dem Dünkel gekommen, einer ganzen Stadt zu trotzen, das größte Unglück sei ihm lieber als dieser Verdacht, er habe seine Angelegenheiten mit der Welt und vor Gott zu ordnen gesucht, Rosalie und ihr Kind würden sich in seinem Testamente nicht vergessen finden. Rosalie fiel ihm zu Füßen und fragte, was denn das Schicksal ihres Mannes sei, wenn er im Sturme gefangen würde. Der Kommandant wendete sich ab und sagte leise: »Der Tod unausbleiblich, auf Wahnsinn würde von keinem Kriegsgerichte erkannt werden, es ist zu viel Einsicht, Vorsicht und Klugheit in der ganzen Art, wie er sich nimmt; der Teufel kann nicht vor Gericht gezogen werden, er muß für ihn leiden.« – Nach einem Strome von Tränen erholte sich Rosalie und sagte: Wenn sie das Fort, ohne Blutvergießen, ohne Gefahr, in die Gewalt des Kommandanten brächte, würde dann sein Vergehen als ein Wahnsinn Begnadigung finden? – »Ja, ich schwör's!« rief der Kommandant, »aber es ist vergeblich, Euch haßt er vor allen, und rief gestern einem unsrer Vorposten zu, er wolle das Fort übergeben, wenn wir ihm den Kopf seiner Frau schicken könnten.« – »Ich kenne ihn«, sagte die Frau, »ich will den Teufel beschwören in ihm, ich will ihm Frieden geben, sterben würde ich doch mit ihm, also ist nur Gewinn für mich, wenn ich von seiner Hand sterbe, der ich vermählt bin durch den heiligsten Schwur.« – Der Kommandant bat sie, sich wohl zu bedenken, erforschte ihre Absicht, widerstand aber weder ihren Bitten noch der Hoffnung, auf diesem Wege dem gewissen Untergange zu entgehen.

Vater Philip hatte sich im Hause eingefunden und erzählte, der unsinnige Francœur habe jetzt eine große weiße Flagge ausgesteckt, auf welcher der Teufel gemalt sei, aber der Kommandant wollte nichts von seinen Neuigkeiten wissen und befahl ihm, zu Rosalien zu gehen, die ihm beichten wolle. Nachdem Rosalie ihre Beichte in aller Ruhe eines gottergebnen Gemütes abgelegt hatte, bat sie den Vater Philip, sie nur bis zu einem sichern Steinwalle zu begleiten, wo keine Kugel ihn treffen könne, dort wolle sie ihm ihr Kind und Geld zur Erziehung desselben übergeben, sie könne sich noch nicht von dem lieben Kinde trennen. Er versprach es ihr zögernd, nachdem er sich im Hause erkundigt hatte, ob er auch dort noch sicher gegen die Schüsse sei, denn sein Glaube, Teufel austreiben zu können, hatte sich in ihm ganz verloren, er gestand, was er bisher ausgetrieben hätte, möchte wohl der rechte Teufel nicht gewesen sein, sondern ein geringerer Spuk.

Rosalie kleidete ihr Kind noch einmal unter mancher Träne weiß mit roten Bandschleifen an, dann nahm sie es auf den Arm und ging schweigend die Treppe hinunter. Unten stand der alte Kommandant und konnte ihr nur die Hand drücken und mußte sich umwenden, weil er sich der Tränen vor den Zuschauern schämte. So trat sie auf die Straße, keiner wußte ihre Absicht, Vater Philip blieb etwas zurück, weil er des Mitgehens gern überhoben gewesen, dann folgte die Menge müßiger Menschen auf den Straßen, die ihn fragten, was es bedeute. Viele fluchten auf Rosalien, weil sie Francœurs Frau war, aber dieser Fluch berührte sie nicht.

Der Kommandant führte unterdessen seine Leute auf verborgenen Wegen nach den Plätzen, von welchen der Sturm eröffnet werden sollte, wenn die Frau den Wahnsinn des Mannes nicht beschwören könnte.

Am Tore schon verließ die Menge Rosalien, denn

Francœur schoß von Zeit zu Zeit über diese Fläche, auch Vater Philip klagte, daß ihm schwach werde, er müsse sich niederlassen. Rosalie bedauerte es und zeigte ihm den Felsenwall, wo sie ihr Kind noch einmal stillen und es dann in den Mantel niederlegen wollte, dort möge es gesucht werden, da liege es sicher aufbewahrt, wenn sie nicht zu ihr zurückkehren könne. Vater Philip setzte sich betend hinter den Felsen, und Rosalie ging mit festem Schritt dem Steinwalle zu, wo sie ihr Kind tränkte und segnete, es in ihren Mantel wickelte und in Schlummer brachte. Da verließ sie es mit einem Seufzer, der die Wolken in ihr brach, daß blaue Hellung und das stärkende Sonnenbild sie bestrahlten. Nun war sie dem harten Manne sichtbar, als sie am Steinwalle heraustrat, ein Licht schlug am Tore auf, ein Druck, als ob sie umstürzen müßte, ein Rollen in der Luft, ein Sausen, das sich damit mischte, zeigten ihr an, daß der Tod nahe an ihr vorübergegangen. Es wurde ihr aber nicht mehr bange, eine Stimme sagte ihr innerlich, daß nichts untergehen könne, was diesen Tag bestanden, und ihre Liebe zum Manne, zum Kinde regte sich noch in ihrem Herzen, als sie ihren Mann vor sich auf dem Festungswerke stehen und laden, das Kind hinter sich schreien hörte; sie taten ihr beide mehr leid als ihr eignes Unglück, und der schwere Weg war nicht der schwerste Gedanke ihres Herzens. Und ein neuer Schuß betäubte ihre Ohren und schmetterte ihr Felsstaub ins Gesicht, aber sie betete und sah zum Himmel. So betrat sie den engen Felsgang, der wie ein verlängerter Lauf für zwei mit Kartätschen geladene Kanonen mit boshaftem Geize die Masse des verderblichen Schusses gegen die Andringenden zusammenzuhalten bestimmt war. – »Was siehst du, Weib!« brüllte Francœur, »sieh nicht in die Luft, deine Engel kommen nicht, hier steht dein Teufel und dein Tod.« – »Nicht Tod, nicht Teufel trennen mich mehr von dir«, sagte sie getrost und schritt weiter hinauf die großen

Stufen. »Weib«, schrie er, »du hast mehr Mut als der Teufel, aber es soll dir doch nichts helfen.« – Er blies die Lunte an, die eben verlöschen wollte, der Schweiß stand ihm hellglänzend über Stirn und Wangen, es war, als ob zwei Naturen in ihm rangen. Und Rosalie wollte nicht diesen Kampf hemmen und der Zeit vorgreifen, auf die sie zu vertrauen begann; sie ging nicht vor, sie kniete auf die Stufe nieder, als sie drei Stufen von den Kanonen entfernt war, wo sich das Feuer kreuzte. Er riß Rock und Weste an der Brust auf, um sich Luft zu machen, er griff in sein schwarzes Haar, das verwildert in Locken starrte, und riß es sich wütend aus. Da öffnete sich die Wunde am Kopfe in dem wilden Erschüttern durch Schläge, die er an seine Stirn führte, Tränen und Blut löschten den brennenden Zundstrick, ein Wirbelwind warf das Pulver von den Zündlöchern der Kanonen und die Teufelsflagge vom Turm. »Der Schornsteinfeger macht sich Platz, er schreit zum Schornstein hinaus!« rief er und deckte seine Augen. Dann besann er sich, öffnete die Gittertüre, schwankte zu seiner Frau, hob sie auf, küßte sie, endlich sagte er: »Der schwarze Bergmann hat sich durchgearbeitet, es strahlt wieder Licht in meinen Kopf, und Luft zieht hindurch, und die Liebe soll wieder ein Feuer zünden, daß uns nicht mehr friert. Ach Gott, was hab ich in diesen Tagen verbrochen. Laß uns nicht feiern, sie werden mir nur wenig Stunden noch schenken, wo ist mein Kind, ich muß es küssen, weil ich noch frei bin; was ist sterben? Starb ich nicht schon einmal, als du mich verlassen, und nun kommst du wieder, und dein Kommen gibt mir mehr, als dein Scheiden mir nehmen konnte, ein unendliches Gefühl meines Daseins, dessen Augenblicke mir genügen. Nun lebte ich gern mit dir, und wäre deine Schuld noch größer, als meine Verzweiflung gewesen, aber ich kenne das Kriegsgesetz, und ich kann nun gottlob in Vernunft als ein reuiger Christ sterben.« – Rosalie konnte in ihrer Entzückung, von ihren Tränen fast erstickt, kaum sagen, daß *ihm* verziehen, daß *sie* ohne Schuld und ihr Kind nahe sei. Sie verband seine Wunde in Eile, dann zog sie ihn die Stufen hinunter bis hin zu dem Steinwalle, wo sie das Kind verlassen. Da fanden sie den guten Vater Philip bei dem Kinde, der allmählich hinter Felsstücken zu ihm hingeschlichen war, und das Kind ließ etwas aus den Händen fliegen, um nach dem Vater sich auszustrecken. Und während sich alle drei umarmt hielten, erzählte Vater Philip, wie ein Taubenpaar vom Schloß heruntergeflattert sei und mit dem Kinde artig gespielt, sich von ihm habe anrühren lassen und es gleichsam in seiner Verlassenheit getröstet habe. Als er das gesehen, habe er sich dem Kinde zu nahen gewagt. »Sie waren, wie gute Engel, meines Kindes Spielkameraden auf dem Fort gewesen, sie haben es treulich aufgesucht, sie kommen sicher wieder und werden es nicht verlassen.« Und wirklich umflogen sie die Tauben freundlich und trugen in ihren Schnäbeln grüne Blätter. »Die Sünde ist uns geschieden«, sagte Francœur, »nie will ich wieder auf den Frieden schelten, der Friede tut mir so gut.«

Inzwischen hatte sich der Kommandant mit seinen Offizieren genähert, weil er den glücklichen Ausgang durch sein Fernrohr gesehen. Francœur übergab ihm seinen Degen, er kündigte Francœur Verzeihung an, weil seine Wunde ihn des Verstandes beraubt gehabt, und befahl einem Chirurgen, diese Wunde zu untersuchen und besser zu verbinden. Francœur setzte sich nieder und ließ ruhig alles mit sich geschehen, er sah nur Frau und Kind an. Der Chirurg wunderte sich, daß er keinen Schmerz zeigte, und zog ihm einen Knochensplitter aus der Wunde, der rings umher eine Eiterung hervorgebracht hatte; es schien, als ob die gewaltige Natur Francœurs ununterbrochen und allmählich an der Hinausschaffung gearbeitet habe, bis ihm endlich äußere Gewalt, die eigne Hand seiner Verzweiflung die äußere Rinde durchbrochen. Er versicherte, daß ohne diese glückliche Fügung ein unheilbarer Wahnsinn den unglücklichen Francœur hätte aufzehren müssen. Damit ihm keine Anstrengung schade, wurde er auf einen Wagen gelegt, und sein Einzug in Marseille glich unter einem Volke, das Kühnheit immer mehr als Güte zu achten weiß, einem Triumphzuge; die Frauen warfen Lorbeerkränze auf den Wagen, alles drängte sich, den stolzen Bösewicht kennenzulernen, der so viele tausend Menschen während drei Tage beherrscht hatte. Die Männer aber reichten ihre Blumenkränze Rosalien und ihrem Kinde und rühmten sie als Befreierin und schwuren, ihr und dem Kinde reichlich zu vergelten, daß sie ihre Stadt vom Untergange gerettet habe.

Nach solchem Tage läßt sich in *einem* Menschenleben selten noch etwas erleben, was der Mühe des Erzählens wert wäre, wenngleich die Wiederbeglückten, die Fluchbefreiten, erst in diesen ruhigeren Jahren den ganzen Umfang des gewonnenen Glücks erkannten. Der gute alte Kommandant nahm Francœur als Sohn an, und konnte er ihm auch nicht seinen Namen übertragen, so ließ er ihm doch einen Teil seines Vermögens und seinen Segen. Was aber Rosalie noch inniger berührte, war ein Bericht, der erst nach Jahren aus Prag einlief, in welchem ein Freund der Mutter anzeigte, daß diese wohl ein Jahr, unter verzehrenden Schmerzen, den Fluch bereut habe, den sie über ihre Tochter ausgestoßen, und bei dem sehnlichen Wunsche nach Erlösung des Leibes und der Seele, sich und der Welt zum Überdruß, bis zu dem Tage gelebt habe, der Rosaliens Treue und Ergebenheit in Gott gekrönt, an dem Tage sei sie, durch einen Strahl aus ihrem Innern beruhigt, im gläubigen Bekenntnis des Erlösers selig entschlafen.

*Gnade* löst den Fluch der *Sünde,*
*Liebe* treibt den *Teufel* aus.

# Owen Tudor

*Eine Reisegeschichte*

Die *Tanzwut* (Dansomanie), das himmlische neue Ballett, hielt nach der langweiligen Oper bis tief in die
Nacht hinein alle Augen und Geister gefesselt und ließ
sie auch nachher nicht gleich wieder los, nachdem der
Vorhang längst gefallen war und die Tänzer von den
Zuschauern in der großen Stadt London vielleicht auf
ein paar Meilen Entfernung getrennt waren. Ich hatte
bei der Anregung kaum eine Stunde geschlafen, als ich
in die Postkutsche stieg, die alle Dienstage nach Holyhead in Walis abgeht, wohin mich die uralten ungeheuern Bauwerke lockten. Meine Fahrt war mehr ein
Träumen von den lieblichen Göttergestalten des Bal-
letts und ihrer überirdischen Beweglichkeit als ein
Schauen der beweglichen Erde, die mit all ihrer bunten
Gestaltung an den Fenstern des Wagens ohne Eindruck
vorübereilte. Erst beim dritten Umspannen der Pferde
fiel es mir auf, wie schnell wir fortrückten, und ich
mußte unwillkürlich die Worte meiner Sappho vor mir
hersagen, als sie den Phaon begrüßt nach dem Wett-
rennen, in welchem er durch ihre Ermunterung siegte,
als er eben von der Heftigkeit der Bewegung taumelte.

> Göttlich ist auf Erden die Geschwindigkeit,
> Sie besiegt den weiten Raum, die enge Zeit,
> Gegenwärtig macht sie überall zugleich
> Spiegelnd hoher Götter ewig Reich;
> Mit dem Anfang eint das Ende ihre Hand
> Sich zum Siegeskranze; wie der Feuerbrand,
> Schnell geschwungen, wird zum Feuerkreise,
> So erscheinen ihres Wagens Gleise;
> Eh das Auge aufblickt, ist ihr Bogen
> Durch die weite Rennbahn hingezogen.
> Ihr gehört die Schönheit, weil sie flüchtig,

29

Der Gestirne Wallen, ruhlos richtig,
Ihr vertraut der Gott die mächt'gen Worte
In dem Blitzstrahl aus der Himmelspforte,
Die da aufschlägt, Schauende verblendet,
Eh sie zuschlägt, schon ihr Leben endet.
Träger rollt nach ihrer Flammengeißel Schwung
Donner über alle zur Erinnerung,
Träger rollen sich die schwarzen Wolken auf
Nach des glühen Donnerwagens Lauf;
Ja, die Welt erschiene tot in Leere,
Hübe nicht Geschwindigkeit die Schwere.

Es wurde lange nicht viel gesprochen, wie das oft in
englischen Postkutschen der Fall ist; endlich brachten
ein paar Worte, die ich über das Ballett fallenließ, meinen einsilbigen Nachbar auf dem Rücksitze in den
Redefluß. Er berichtete mir, daß er diesmal bloß des
Tanzes wegen nach Walis, das er sonst schon kenne, zu
reisen beschlossen habe, um sich nämlich selbst von
einer verderblichen Religionssekte zu unterrichten, die
sich dort in den Bergen immer weiter verbreite und
durch Tanz ihre Begeisterung in der Kirche ausdrücke.
Von diesem Springen hießen sie bei den Leuten die
Jumpers*, und er wolle das Parlament angehen, sie

* *Anmerkung.* Leser, die das Historische dieser Erzählung (ich meine
das, was von Leuten mit dem Glauben aufgezeichnet worden, als sei es
wirklich geschehen und gesehen) von dem zu scheiden sich bemühen, was
als ernste Möglichkeit oder als Scherz der Erfindung hineinverwebt wird,
werden vielleicht wünschen, über die in Deutschland wenig bekannte
Sekte der Waliser Jumpers eine nähere Auskunft zu erhalten. Die vor-
urteilfreieste Schilderung derselben fand ich bei einem Greise, der sechzehn Reisen durch Walis gemacht hat; sie sei hier im Auszuge beigefügt
(Remarks upon North-Wales. By W. Hutton. Birmingham 1803 p. 94).
»Im allgemeinen kann man sagen, daß die Welt so wenig einen *neuen*
Religionskultus ertragen als die Reinheit eines ältern Kultus lange erhalten kann. Es scheint, daß in Caernarvon die Leute längere Zeit von
keiner Religionsübung sonderlich ergriffen waren; die höhere Klasse sah
nach der Flasche, die niedere nach dem Zapfloch. Ich sah ein paarmal
nur sechzehn Personen in der eigentlichen Kirche, während der Ver-
sammlungssaal der Dissenters und Methodisten gestopft voll war. Ich
hatte viel Lächerliches von der Art Methodisten gehört, die Jumpers genannt werden. Einer glaubte, sie wären toll; der andre nannte sie Ver-

allesamt hängen zu lassen, daß der Wind ihnen den rechten Unterricht im Tanze gäbe. Die Sache war mir neu, ich konnte die Leute noch nicht mit Grunde verteidigen; ich fragte ihn bloß, ob nicht auch die Musik zu aller sündlichen Lust gebraucht werde und doch, in der Orgel verherrlicht, die Andacht auf würdige Art umgebe und ausdrücke. »Da sind wir nimmermehr einerlei Meinung«, sprach er; »wir Presbyterianer[2] halten die Orgel für des Teufels Dudelsack, womit er den

räter, die Paines[1] Schriften läsen, Absichten gegen die Regierung hegten und daher unterdrückt werden sollten. – Den 8. Sept. 1799 ging ich zu ihrer Kapelle und fand alle Türen außerhalb mit Menschen besetzt. Nachdem ich durch diese hindurch gedrungen, befand ich mich in einem weiten Saale mit zwei Galerien, worin ungefähr 500 Menschen versammelt waren. Der Prediger hatte ausgezeichnete Lungen, die Leute hörten mit Aufmerksamkeit. Nach einiger Zeit drückte er sich in kurzen Sprüchen der Schrift aus, meist aus den Psalmen. Nach dem Hersagen des einen erfolgte ein leises Hum! durch die Versammlung. Eine zweite Schriftstelle vermehrte dies; eine dritte noch mehr, kurz, in Zeit von einer Minute brach des Haufens wilde Gewalt in Stimme und Bewegung aus. Jeder hatte sich eine Sentenz gewählt, die er in einer Art Melodie, so laut wie möglich, aussprach. So viele verschiedene Melodien brachten eine Art Schauder hervor. Zugleich stellten sie sich einander gegenüber, und sprang eine empor, so folgte der andre im Sprunge. Sie bildeten auf diese Art Ringe von zwei bis zu acht Personen ohne Rücksicht auf das Geschlecht. Jeder suchte so laut und so lange zu schreien, so hoch zu springen, als ihm irgend möglich. Wer vom Springen ermüdete, erhielt den Körper doch immerfort in Bewegung. Der Prediger verschwand, wenn er die Leute so weit in Enthusiasmus gebracht hatte. Die alten Leute machten nur elende Sprünge, aber sie sprangen doch. Wer die Veranlassung nicht wußte, hätte alles für ein trunkenes Wirtshaus gehalten, worin einige zanken, andre tanzen. So dauerte es eine Stunde. Einige schienen eine Feinheit darin zu setzen, daß sie sich ausruhten und, wenn die andern ermüdeten, mit neuem Eifer aufsprangen. Den Männern stand im ganzen dies Springen besser als den Frauen; denn die letzteren verloren und verschoben ihre Kleidungsstücke und waren nachher so erschöpft, daß sie sich von ihren Bekannten mußten unterstützen lassen. Die Leute hatten den Ruf ordentlicher Sitten; ihre Kirchenordnung ist strenge und stimmt mit der der Quäker. Von Paines Schriften scheinen sie so wenig zu wissen wie von der Algebra.«

1. Thomas Paine (1737–1809), englischer Politiker und Schriftsteller, Wortführer der amerikanischen Unabhängigkeit.
2. Angehörige reformiert-protestantischer Kirchen mit Presbyterialverfassung in England, Schottland und Amerika. Nach dem Vorbild der schweiz. Reformation fehlt ihrem Gottesdienst jedes musikalische Element, Gemeindegesang und Orgelspiel; die Predigt steht beherrschend im Mittelpunkt.

Ernst der Betrachtung in Schlummer wiegt, so wie der Tanz die guten Vorsätze betäubt.« –

Aber die Alten, warf ich ihm ein, hätten doch so viele Jahrhunderte mit Andacht getanzt. – »Wer ist dabei gewesen«, sagte er; »den Dichtern brauchen wir nicht zu glauben, sie mußten sich offiziell das Beste dabei denken; aus dem Petron[3] und manchen andern möchte ich schließen, daß ihre Religionen nichts anders waren als unsere Jahrmärkte, Parlamentswahlen, Lordmayor-Schmäuse, öffentliche Mittagsmahle und Redoutenbälle; von eigentlicher Religion wußten vielleicht die alten heidnischen Abgötter gar nichts. Doch das alles ist nur Vermutung; genug, sie sind *antik* und wir *modern*, und jeder muß zu eignem Gedeihen im eignen Geiste fortleben.«

So endete sich unser Gespräch; ich aber dachte weiter, wie doch der Mensch so gern trennen mag, was Gott zusammenfügte. Da hat er sich die Worte *antik* und *modern* erfunden, um durch die Weltgeschichte eine Brettwand zu ziehen, die ihm jede Aussicht über das Ganze raubt. Aber nach den alten Sagen ist nur das Ende der Welt mit Brettern verschlagen, von welcher Scheidewand am Ende auch wohl nicht viel mehr als von der *Linie* zu bemerken ist, von der mir heute ein spaßhafter Matrose versicherte, man müsse sich ein wenig bücken, wenn man sie passiere, damit sie einem nicht den Hut abstreife. Wenn wir uns also vor jenem Unterschiede des Antiken und Modernen nicht tiefer zu bücken haben, so werden uns die Jumpers nicht mehr erschrecken. Es sind keine künstlichen Heiden, wie wir sie wohl unter den auf ihren Zimmern versessenen Gelehrten finden mögen, die, vom Geistigen übersättigt, nach alten Formen schmachten, die sie doch nicht beleben können; vielmehr sind es die rohesten, kräftigsten Söhne der Berge, die freilich in ihrer heitern Luft

3. Gaius Petronius Arbiter (gest. 66 n. Chr.), römischer Schriftsteller. In seinem Roman *Satyricon* gibt er ein Sittengemälde der Zeit Neros.

mehr Seligkeit in der Bewegung gespürt haben als wir im Tale. Und doch haben auch wir zuweilen in reiner Freude getanzt.

Ich wurde in meiner Betrachtung unterstützt und gestärkt durch die Frage einer Waliserin, die, in einem roten Mantel nach Landesart gehüllt, mit einem schönen, etwa dreijährigen Knaben auf dem Schoße, allein im Vordersitze des Wagens saß, weil kurz vorher ihre beiden Nebenleute die Kutsche verlassen hatten. Sie fragte nämlich den Presbyterianer, ob David nicht auch mit aller Macht vor der Bundeslade getanzt habe und ob das nicht dem Herrn angenehm gewesen. – Jener sah sie an, in der Meinung, daß sie auch eine solche Methodistin sein möchte, und behauptete, wir ständen in einem neuen Bunde, und *Davids* Beispiel gehe uns nichts an. – Sie antwortete ihm ganz scharfsinnig: »Ihr Herren verfahrt eigen mit der Schrift! Wie es euch einfällt, soll uns ein Teil über alles und der andre gar nichts angehen. Wer hat euch die Vollmacht zu diesem Verfahren verliehen?«

Der Streit wäre lebhaft geworden, aber der Kutscher hielt still. »Hier ist das Schlachtfeld von Shrewsbury[4]«, sagte der Presbyterianer. »Seht, wie Heldengeister gehen da zwei Männer mit großen Schritten auf die Kutsche los; gewiß wollen sie einsteigen.« Die beiden Leute waren jetzt nahe; sie öffneten die Tür. Der Jüngere von beiden, ein feiner gewandter Mann, begabt mit lebhaften dunkeln Augen, half dem schwerfälligen Älteren in den Wagen, der uns mit großen blauen, hervorragenden Augen, wie sie *Gall*[5] für das Wortgedächtnis fordert, aus buschigen blonden Augenbrauen über einer unendlich langen gebognen Nase

4. Hier besiegte der englische König Heinrich IV. (1399–1413) am 21. Juli 1403 die aufständischen Barone seines Landes.
5. Franz Joseph Gall (1758–1828), Arzt und Phrenologe, der in seiner nach ihm benannten Schädellehre nachzuweisen versuchte, daß aus den Schädel- und Gesichtsformen auf bestimmte geistig-seelische Anlagen zu schließen sei.

anstierte. Sie setzten sich nach einem kurzen Gruße an beide Seiten der Waliserin, wie an einen Kamin, indem sie ihre Unterhaltung über ein paar alte Eisenstücke, die der Alte gefunden hatte, fortsetzten. Er glaubte, es sei ein Stück von dem Speere Percys[6]. Der Junge gab ihm recht; nur die Waliserin lachte sie aus, indem sie versicherte, es sei ein Stück von einem mit Eisen beschlagenen Treibstecken, wie er beim Pflügen gebraucht werde. Der Alte zuckte verächtlich mit den Achseln; es ging aus seiner Unterredung hervor, daß er den Jungen sich verbunden hatte, ihm bei seinen antiquarischen Nachsuchungen behilflich zu sein, wofür er ihn wie seinen Sohn bewirten und freihalten wolle. Der Presbyterianer raunte mir in die Ohren, das gebe eine recht kuriose Geschichte, und erzählte mir leise, beide seien zwei bekannte Reisende von Profession, die nur reisten, um Reisebeschreibungen herauszugeben, beide in Schriften schrecklich gegeneinander verfeindet. Nun schiene es aber, sie hätten beide falsche Namen angenommen, weil die Leute vor ihrer Art Öffentlichkeit etwas scheu würden, und gefielen einander recht gut. – Ich erkundigte mich näher, zu welcher Klasse von Reisebeschreibern sie gehörten. – »Der alte Herr«, fuhr er fort, »reist, um etwas zu tun zu haben; seine Reisebeschreibungen sind wahrhaft, aber schrecklich langweilig; er wendet sein Vermögen daran, alle Kleinigkeiten, die er gefunden, Inschriften an Fensterscheiben und unbedeutende Steine, in Kupfer stechen zu lassen. Niemand mag es kaufen, und da schilt er immer den Jungen einen Lügner, weil dieser mit einem gewissen Geist das Historische der Gegenden mit ihrer Anschauung zu verbinden weiß, die er in fließenden Versen schildert, wie es die Lesewelt verlangt, und dabei in artigen Skiz-

6. Henry Percy (1364–1403), gen. »Heißsporn«, Sohn des gleichnamigen Grafen von Northumberland. Er war am Aufruhr der Adligen gegen Heinrich IV. beteiligt und fiel in der Schlacht bei Shrewsbury. Seine Gestalt lebt in Shakespeares Drama *Heinrich IV.* fort.

zen die Gegenden mit schweren Sturmwolken, Schatten und zerzausten Bäumen ins Romantische zu übersetzen sucht. Aber die Reisen des Jungen werden bei allem Tadel des Alten gelesen, und er lebt vom Reisen, schimpft den Alten einen Pedanten, der bei seinen mühsam erforschten Altertümern nur zwei Gedanken habe, nämlich auf *druidical superstition* (druidischen Aberglauben) und *popery* (Pfaffentum) zu schimpfen, worunter er alle Denkmale aus älterer Zeit verstehe, und fragt, warum er also sammle, was er innerlich vernichte.«

Unterdessen sprach der alte Herr noch immer unermüdlich über die Schlacht bei Shrewsbury und konnte sich nicht beruhigen, daß Owen Glendower aus abergläubischer Furcht dem Percy beizustehen versäumt habe; einer seiner Voreltern habe dadurch auch Leben und Vermögen eingebüßt, und er nehme das dem Waliser noch immer sehr übel. – Der Jüngere meinte aber, jener habe in seinen Zauberkreisen wohl Ahnung gehabt, daß sein Sohn Tudor einst die englische Königin heiraten werde und dadurch Stifter eines mächtigen Königsgeschlechts werden. – »Der Owen Tudor«, unterbrach ihn hier die Waliserin, »war keineswegs ein Sohn Owen Glendowers; nicht einmal verwandt waren sie miteinander, das muß ich am besten wissen, denn ich stamme auch von den Tudors ab.« – Der Alte betrachtete sie verwundert, soviel es in der Dunkelheit möglich, und sprach: »Da seid Ihr ja mit dem hohen herrschenden Hause verwandt!« Dann stieg er mit großer Geschicklichkeit die genealogische Leiter bis zum hochglänzenden Gipfel des Baumes hinan, auf welchem eben Georg der Dritte thronte. Er bezeichnete die Sprossen mit den Namen: Friedrich, Prinz von Walis, Georg II., Georg I., Sophie von Hannover, Elisabeth, Gemahlin Friedrich V. von der Pfalz, Jakob I., Maria, der unglücklichen Königin von Schottland, Heinrich VII. von England, Edmund Tudor, Carl von Richmond bis

Owen Tudor, dem Vater dieses Edmund. Dann ging er auch die Reihe englischer Herrscher aus dem Stamme Tudor bis zur großen Elisabeth mit sichern Schritten durch und behauptete, ihm sei dieser Owen Tudor so merkwürdig wie Adam, von dessen übrigen Taten man auch nicht viel wisse, ausgenommen, daß das ganze Menschengeschlecht von ihm abstamme.

Die Waliserin versicherte, daß sie sehr viel von diesem ihrem Vorfahren wisse, der wenigstens schon dadurch vor Adam ausgezeichnet sei, daß er der Schönheit seinen Glanz verdankt habe, während Adam sehr häßlich hätte sein können, ohne daß es aufgefallen wäre, weil er der *einzige* seiner Art gewesen. »Eine Menge Volkserzählungen knüpfen sich an Owen Tudor«, fuhr sie fort; »der Himmel weiß, ob sie alle wahr sind. Aber das ist gewiß, wenn es Tag wird, kommen wir nicht zweihundert Schritt bei seinem ehemaligen Sitze, Plas Penmynidd, vorüber, der jetzt dem Lord Bulkeley gehört.« – »Das ist wohl ein herrliches Gut?« fragte der Alte. – »Es hat nicht volle vierhundert Acker«, antwortete das Mädchen, »meist nur Weideland – die Könige sind reichlicher darauf gewachsen als das Gras; sie tragen etwa 150 Pfund.« – »Ein armer Ritter«, sagte der Alte. »Aber wie erzählt denn das Volk, daß er sein Glück machte?« – »Durchs Tanzen«, sagte die Waliserin. – »Bitte«, rief der Alte, »erzählt uns das, ich hatte meine selige Frau auch beim Tanze kennengelernt, und wir führten, Gott sei Dank, eine recht glückliche Ehe.«

»Es ist eine lange Geschichte«, sagte das Mädchen weiter, »aber die Nächte sind jetzt auch schon lang, und es ist gut, wir erhalten uns munter wegen der Straßenräuber, die hier an der Grenze von Walis noch immer ihr Wesen treiben. Närrisch ist's, daß der Knabe schon als Kind der kleine König genannt worden ist.« – »Ich bin auch der kleine König«, unterbrach sie der Knabe, der auf ihrem Schoße saß, und sie beschwichtigte ihn mit einer Birn'. – Dann fuhr sie fort: »Er war der Liebling aller Leute, so stolz und zierlich ging er einher, und eine seltene Schönheit verband sich in ihm mit großer Gutmütigkeit. Aber von seiner Mutter, die eine arme Witwe, wurde er wenig gelobt, weil er nur in Stunden, wo er ganz sicher war, daß niemand vorbeikam, sich der Arbeit im Garten hingeben mochte. In dem Hause galt damals alles eine Verkäuferin, die wohl eigentlich etwas mehr zu sein schien, als wofür sie sich bei manchen Leuten ausgab, aber schlechtweg Sarah genannt wurde und das Land mit ihren Pferden oder auch zu Fuß durchzog und einkaufte. Diese beredete die Mutter, den Knaben geistlich werden zu lassen, weil er nicht arbeiten wolle und auch zum ritterlichen Leben kein Geld habe; als Geistlicher werde er bei seinem Ansehen schon Glück machen. So wurde er zu einem Oheim Oswestry gebracht, der bei Clynag den heilenden Wasserteich des heiligen Benno als ein Klausner bewachte. Jetzt sieht da alles gar wüst aus; damals aber war es ein schöner kleiner Teich von behauenen Steinen, mit Sitzen eingefaßt; an einer Seite floß das Wasser aus, von der andern kam ihm Zufluß aus einem tiefen Felsenbette, an dessen Ufer in einiger Entfernung die Klause seines Oheims stand. Auch das Grab des Heiligen, das von Lord Newborough ausgegraben und zerstört worden ist, war damals noch wohlerhalten und sehr verehrt. Da beteten die Pilger und gingen dann zum Wasser, wuschen darin ihre kranken Glieder und besonders kranke Augen. Wer das Antlitz des Heiligen im Wasser sah, der genas sicher, so meinten die Leute; und dann spendeten sie reichliche Gabe. Da aber seit längerer Zeit der Heilige sich immer seltener sehen ließ, der Kasten des Heiligen, der in der Kirche stand, also viel leerer blieb, auch der Klausner wenig erhielt, so hatte sich dieser entschlossen, selbst das gute Werk zu vollbringen und den Leuten Trost zu geben. Deswegen legte er sich aufs Tauchen, schwamm heimlich aus dem Bache in den Teich und nahete sich der Oberfläche; so faßte jeder Kranke im heiligen Schrecken gute Hoffnung. Aber allmählich wurde ihm dies Geschäft zu sauer; er war froh, den jungen Owen Tudor zu diesem Geschäfte abzurichten, und dieser, der ein Freund aller Leibesübungen, brachte es bald zur höchsten Geschicklichkeit in der Kunst zu tauchen. Waren die Kranken gegen den Winter fortgezogen, so unterrichtete ihn der alte Herr in allen ritterlichen Künsten; er focht mit ihm und tanzte, er lehrte ihn Französisch sprechen und schreiben und sagte ihm, daß er noch große Dinge mit ihm im Sinne habe. Sarah erschien abwechselnd, sprach viel Heimliches mit Oswestry und munterte den Knaben zum Lernen durch allerlei Geschenke auf. Tudor war fleißig und geschickt, er wuchs rasch, und endlich erklärte ihm der Oheim, er gehe jetzt voran nach Frankreich und werde ihn in kurzer Zeit abrufen lassen. Nach einiger Zeit erhielt Tudor durch Sarah einen Brief, daß er zu seiner Mutter gehen möchte, wo er Kleider finden und Abschied nehmen solle. Er war glücklich; es kümmerte ihn wenig, ob die Kranken künftig ihr eignes Gesicht oder das seine im Wasser sehen würden. Aber bei der Mutter war ihm nichts mehr recht; sie war ihm zu grob, zu schlecht gekleidet; er war froh, als ein Brief aus Caernarvon mit einem Paket ankam. Im Briefe meldete Oswestry aus Paris, daß er ihm die Stelle als Page bei der jungen Prinzessin Katharine verschafft habe; ein Schiffer warte auf ihn in Caernarvon; in dem Pakete sei eine anständige Pagenkleidung eingeschlossen. Die Mutter schnitt ihm ein großes Stück Speck von der dicksten Speckseite ab, gab ihm ein großes Brot und drei Küsse auf den Weg. Ein Bettelknabe mußte ihm für ein Riemchen Speck seine wenigen Sachen nachtragen; *er* stolzierte im neuen Kleide voran und bürstete sich, zum großen Staunen von jenem, alle fünf Minuten Kleider und Schuhe ab. So kam er reinlich zum Marktschiff und befahl in den Busch hinein, daß der Reitknecht seine Pferde sollte langsam nach Hause führen. Die fremden Menschen machten dem schönen Edelknaben mit Hochachtung Platz; er schnurrte ein französisches Lied auf dem Verdecke und schimpfte auf die unbequemen Sitze, als habe er nur aus Laune das gemeine Marktschiff bestiegen. Die jungen Frauenzimmer auf dem Verdecke schienen allmählich lebhafteren Anteil an ihm zu nehmen als an den plumpen Landtölpeln, die ihnen den Hof machten. Die eine soll ihm einen Apfel gereicht und er ihr gnädig geantwortet haben, daß er die Kerne zu ihrem Andenken in seinem Schloßgarten aussäen wolle. Das Aussteigen bei Caernarvon ist wegen des flachen Ufers etwas lästig; die Landenden müssen ziemlich weit über einen schmalen Brettsteig gehen, bei dessen Schwanken mancher in das Wasser danebel gleitet. Das Mädchen, welches ihm den Apfel gereicht, hoffte, er werde ihr den Arm geben; aber zu ihrer Verwunderung sprang er in seiner Gutmütigkeit einem alten Bettelweibe nach, das eben zum Gelächter aller ins Wasser hinüberzuschwanken schien, faßte sie beim Arme und führte sie glücklich ans Land. Als er sie dort verlassen wollte, redete ihn eine bekannte Stimme aus den Lumpen an. Er blickte unter die Kappe; es war Sarah, die ihn lobte, daß er diese erste Probe so gut bestanden habe. Unbemerkt führte sie ihn durch das Marktgewühl zwischen Schiffbauholz, wo niemand sie sehen konnte als der Bettelknabe, der ihm die Vorräte nachgetragen hatte. Dort sagte sie ihm: ›Dein Glück wird dir nie fehlen, wenn du auch am Hofe keinem alten Weibe ohne Freundlichkeit vorbeigehst; sie regieren die Welt, weil ihre Jugendfreunde allmählich durch Veralten zu den höchsten Stellen aufsteigen: eine Höflichkeit von einem *jungen* Mann macht ihnen mehr Freude als zehen von einem alten. Glaub mir; ich kenne den Hof. Doch dies sei deine zweite Lehre: Tue nie, als ob du jemand kennst, der von dir in irgendeiner Gestalt oder Maske nicht will gekannt sein; darum halte die Frage, die dir auf der Zunge schwebt, zurück, wer ich eigentlich sei. Genug sei es für dich, zu wissen, daß wir Waliser nach Glendowers Tode alle unsre Hoffnungen auf Frankreichs Küste geankert haben. Vier Hofregeln will ich dir noch geben: dich nicht zu *schämen*, dich nicht zu *grämen*, dich nicht zu *ekeln*, dich nicht zu *ärgern*; dein ist die *Welt*, wenn sie dir *gefällt*! Noch eins: Verachte nie eine kleine Gabe, du weißt nicht, was sie wert sein kann; aber bemühe dich nur um Großes, so heißen dich die Leute am Hofe großmütig. Darum nimm auch diese Knieschnallen als ein gutes Vorzeichen des hohen Ordens vom Hosenbande an; ich habe jetzt nichts andres dir zu schenken, und dir fehlen sie, weil ich vergaß, sie mit den Kleidern einzupacken. Bewahre sie; es ist ein geheimer Angelhaken in der verbognen Spitze des Herzens*.‹

Owen wollte sich eben schämen, daß er ihr kein Gegengeschenk zu bieten habe, da fiel ihm die Vorschrift ein, und indem er ihr die Hand küßte, dachte er daran, daß er sich nicht ekeln dürfe. Nun zeigte sie ihm das französische Schiff, welches zu seiner Aufnahme bereit sei, und er folgte ihrem Rate, sich nicht zu grämen und zu ärgern, sondern stieg getrost mit seinem Pakete an Bord. Das Schiff hieß ›La belle France‹ und war eng und schmutzig; der Schiffer trug papierne Handkrausen und langen Busenstreif ohne Hemde; er rühmte, daß nirgend so gut gegessen werde als bei ihm, denn sein Koch habe in der königlichen Küche gelernt, und setzte den Ankommenden gebratne Froschkeulen vor, und darüber lief der Bettelknabe davon.« –

Der alte Reisende sagte hier auf lateinisch zu dem jüngeren: »Es ist kein Volk so arm, es dünkt sich doch noch reicher als seine Nachbarn.« – »Hat er über mich gesprochen?« fragte die Waliserin. – »Keineswegs«,

---

* So nennt man an einigen Orten das Innere der Schnalle.

sagte der Junge; »der alte Herr wird nur immer hungrig, wenn er die Nachtigall singen hört.« – »Hier ist
noch ein Stück Pudding«, sagte sie, »womit ich den
guten Herrn füttern kann, und ein Stück Rinderbra-
ten.« – Das gab eine Diversion[7], denn der alte Herr
machte wirklich Anstalten zum Essen; er hatte einen
ungeheuern Magen, und der Knabe langte in Sorgen
mit seinen Händchen dazwischen, ob ihm auch noch
etwas bliebe. Zum Glück fuhren wir jetzt bei einem
Wirtshause vorbei, wo der alte Herr die Unterstützung seines Magens mächtig erwidern konnte. Es
war alles zum Empfang der Postkutsche bereitet, und
im Glasschranke auf dem Flur glänzten noch die treff-
lichsten Not- und Hilfsstücke. Kaum beachtete ich, daß
der Wirt erzählte, ein Constabel[8] sei vor ein paar Stunden bei ihm eingekehrt, der einer Dame nachsetze, die
in den Prozeß einer ausgezeichneten Frau verwickelt
sei; aber ich bemerkte doch eine gewisse Verlegenheit
auf dem Gesichte der Waliserin, als ob sie in irgendeiner Art um diese Angelegenheit wisse. Aber beim
Glühwein wurde der Gedanke bald vergessen. Der alte
Herr brachte die seltsamsten Toasts[9] zur Welt; die Waliserin schien sein Herz mit dem Pudding erobert zu
haben.

Als wir wieder in der Kutsche zusammensaßen,
flehte er sie um Fortsetzung ihrer Erzählung an. Sie
erzählte weiter: »Als Tudor in Paris angekommen,
wurde er in das Haus seines Oheims Oswestry geführt,
das sich schon aus der Ferne durch ein ungeheures
Wappenschild auszeichnete. Der ehemalige Klausner
trat ihm in zierlichem seidnen Wams entgegen und tat,
als ob er ihn zum erstenmal sehe, und der Tudor wagte
nicht, eingedenk der guten Lehren, ihn an ihre alte Ver-
traulichkeit zu erinnern, wenn sie die Gaben der Pilger

7. Ablenkung; unerwarteter Angriff von der Seite.
8. *Constabel* = Constable (Konstabler): Polizeibeamter.
9. Trinksprüche.

eingestrichen hatten. Der vornehme Herr hatte sogar die Frechheit, ihm große Bilder von Plas Penmynidd zu zeigen, als ob dies eines der größten Schlösser der Welt sei. Nachdem er diese Probe bestanden, führte ihn der Oheim zu der Oberhofmeisterin der Prinzessin Katharine. Er hatte ihr die Hand geküßt und blickte auf – es war Sarah. Er hätte ihr um den Hals fallen mögen; aber er dachte ihrer Lehren und schwieg. Die Oberhofmeisterin musterte ihn und sagte, es könne etwas aus ihm werden. Dann führte sie ihn zur Prinzessin, die eben in einem Schäferkleide singend ihr Zimmer durchschritt, einen goldnen Schäferstab in der Hand, ein Lamm am seidnen Bande neben sich führend. Sie hatte sich also zu einem langwierigen Hoffeste gekleidet, das schon seit acht Tagen sich durch die Charaktere eines beliebten Romans mühsam hindurchwand. Sie nickte dem Pagen gleichgültig und schien seiner wenig zu achten. Als aber die Oberhofmeisterin das Zimmer verlassen, fing sie heftig an zu deklamieren und schlug ihm, als wär's von ungefähr, gegen die Schienbeine, daß er hätte schreien mögen. Dann mußte er die Arme ausstrecken, und sie gab ihm in jede Hand einen Teller mit Früchten, schien dies vergessen zu haben, setzte sich an einen Schreibtisch und ließ ihn so stehen, bis ihm die Arme aus Erschöpfung niedersanken. Da fielen ein paar Früchte von den Tellern, und er ward hinausgejagt. Am andern Tage hieß es, die Prinzessin sei nicht recht wohl. Sie empfing auf einem langen Sofa die ehrwürdigen Ärzte mit langen Bärten; diese verschrieben ihr große Gläser voll Arzeneien und empfahlen ihr Ruhe. Kaum waren die Arzeneien zur Prinzessin gebracht, so befahl diese dem Pagen, sie alle auszutrinken. Er gehorchte. Dann befahl sie ihm, mit ihr zu tanzen. Er gehorchte wieder. Die Prinzessin rühmte ihn, sie wolle nie mit einem andern tanzen als mit ihm; aber sie hörte nicht auf zu tanzen, obgleich ihm die Medizin die größten Qualen bereitete und er sich fast für vergiftet hielt. Solcher Streiche werden unzählige von der Prinzessin erzählt. Dabei mußte er ihr oft die Dienste ihrer Kammerjungfer leisten, ihr die beschmutzten Schuhe ausziehen, immer in Sorgen, daß sie die kleinsten Unschicklichkeiten mit Kniffen ihrer hohen Hand strafen möchte. Es war ihm ein betrübtes Leben; besonders auch deswegen, weil die andern Pagen des Hofes die Launen der Prinzessin sehr wohl kannten, weswegen sich keiner zu ihrem Dienst entschlossen hatte. Ließ er seinen Ärger ein wenig merken, so versüßte ihm die Prinzessin seinen Dienst, indem sie Näschereien und Früchte für ihn fallen ließ. Dabei war sein Auskommen nicht glänzend; der Hof war jammervoll knauserig, die meisten Pagen raubten, wo sie konnten, und nahmen Bestechungen an. Bei ihm war dazu keine Gelegenheit; die Oberhofmeisterin übersah alles mit großer Aufmerksamkeit. Wenn die Prinzessin ihn abends mit ihren Cousinen müde getanzt hatte – denn er galt nun einmal für den besten Tänzer –, dann mußte er in der Nacht sein einziges Hemde waschen, daß er am andern Tage wieder reinlich erscheinen konnte. Der Oheim verlachte ihn, wenn er Unterstützung begehrte. Das sei Hofleben, sagte er, er müsse sich daran gewöhnen wie jeder andre. Er hielt sich für sehr unglücklich und sollte bald fühlen, daß er bei aller dieser Not und Quälerei sich sehr glücklich befunden habe. Es zog aber ein Geflüster der sich entwickelnden Parteien, wie der Schnupfen, durch den Hof; eine Hälfte der Hofleute sprach bald nicht mehr mit der andern. Der schwache König, der Dauphin, die Großen des Reichs hatten jede ihre Partei von Schwätzern; die Pagen hieben sich untereinander grimmig auf dem Fechtboden herum. Die Prinzessin nur schien ungestört lustig und rieb mit Balsam die von Rapierhieben[10] gelähmten Finger Tudors. Er konnte am we-

10. *Rapier:* Degen.

nigsten aus dem allen klug werden, weil er in der Geschichte von Frankreich noch sehr fremd war. Eines Morgens schrie ihm die Oberhofmeisterin mit entflammten Augen entgegen: ›Ein Traktat ist zu Troyes geschlossen, ich bleib nicht am Hofe!‹ – Dabei warf sie ihm das ganze Frühstück an die Erde. Die Prinzessin lief in ihrem Zimmer herum, wie ein Eichhörnchen, und schrie immer: ›Ich will den wilden, ausschweifenden König von England nicht heiraten; und wenn er mir zu nahe kommt!‹ – Dabei ging sie mit einer Stecknadel auf den erstaunten Pagen ein und stach ihn, wie es traf. Nun merkte er wohl, daß die Oberhofmeisterin die Prinzessin zur Flucht mit dem Dauphin bereden wollte. Der Prinzessin war alles recht; aber sie konnte nicht mit dem ritterlichen Anzuge fertig werden, den sie sich erfunden hatte. Darüber versäumte sie die Zeit; es wurde verraten; Oswestry und die Oberhofmeisterin waren verschwunden. ›Nun werde ich den garstigen König doch heiraten müssen‹, sagte die Prinzessin und befahl dem Pagen, Lichter zu dem großen Bilde hinzutragen, das, an dem Tage aus England angekommen, den königlichen Bräutigam in goldner Rüstung darstellte. Sie betrachtete es eine Weile und seufzte: ›Ach wenn er nur nicht noch häßlicher ist als sein Bild.‹ Dann befahl sie dem Owen, ein Stück Kreide zu bringen und dem Bilde über die Rüstung einen weißen Schlafrock zu malen, und um den Kopf ein weißes Tuch, wie es der schwache König tragen solle. Als diese Malerei vollendet war, seufzte sie wieder: ›So wird er aussehen, der bleiche Knochenmann, der Tod, wenn er mich in seine Arme nimmt.‹ – Owen erwiderte: ›Es soll aber ein schöner Mann sein.‹ – Das brachte sie auf; sie gab ihm eine Ohrfeige, und als er nach seinem kleinen Degen griff, gab sie ihm einen Kuß und sprach: ›Er ist doch nimmermehr so hübsch wie du, und tanzt gewiß nicht so gut wie du; ich schaffe dir ein Kriegsheer an und ein Königreich, daß du mich heiraten kannst.‹ Dabei liefen ihr die Tränen über die Backen, sie ergriff den Pagen und tanzte mit ihm einen unsrer Waliser Tänze, den sie von ihm gelernt hatte. Aber mitten im Tanze blieb das leichte seidne Kleid der Prinzessin an dem Herzen einer der Granatenschnallen hängen, welche ihm die Alte damals so bedeutungsvoll überreicht hatte; wahrscheinlich war es die linke, weil da sein Herz heftig schlug und zu ihr hingezogen wurde. Er wollte die Schnalle lösen; aber sie verhinderte ihn daran. Und gleichsam als wäre ein Zauber darin gelegt gewesen, der mit diesem Anschlagen der Wünschelrute gehoben worden, so verschwand aller Scherz von ihrem Antlitz. Sie sagte dem Pagen ernst, daß dies ihr letzter froher Tag sei, daß sie getrennt würden, daß sie sich wiedersehen würden, daß sie dieses Anhängen seiner Schnalle als eine Vorbedeutung seiner Anhänglichkeit aufnehme, daß er ihr schwören solle, sich keiner andern Frau zu nahen, sondern ihr treu bleiben bis in den Tod, auch wenn er sie nicht sähe. Er schwur und wußte kaum, was er sagte; denn erst in diesem Augenblicke war ihm eingefallen, daß er wohl eigentlich die Prinzessin wegen ihrer steten Befehle, Schläge und Scheltworte gar nicht so sehr hasse. Sie fielen einander in die Arme; es gefiel ihm wohl, aber doch dachte er kindisch in sich, wie lange soll das dauern; nimmt das kein Ende, sie zerdrückt dir den Busenstreif. Diesen Busenstreif rettete der König Heinrich von England, der angekommen war, um sein Königreich und seine Braut zu überraschen und in Empfang zu nehmen.«

»Ja, es war ein unbegreiflicher Traktat, der von Troyes!« unterbrach der alte Herr im Wagen, »obgleich für England sehr vorteilhaft. Wie der Wahnsinn einen König und seine Räte ergreifen konnte, aus Haß ein ganzes Königreich zur Aussteuer zu schenken! Aber auch für England war es in Hinsicht der Folgen ein Glück, daß der Dauphin sich dem Traktate nicht unterwarf. Alles Gute in der Welt geschieht doch nur durch

Opposition, nicht durch Einsicht; darum bleibe ich bis an mein Ende bei der Opposition.« – »Brav gesprochen«, rief der schweigsame Presbyterianer; »aber wir müssen doch hören, wie es dem Tudor weiter ergangen.« –

Die Waliserin fuhr fort: »Zum Glück für beide stand das große Bild gerade vor der Türe, als der kriegerische König von England mit klirrenden Sporen und dräuender Rüstung in den Saal trat. Der Page sprang nieder, als ob er einige herabgefallene Blumen aufhebe, die Prinzessin aber trat mit Heftigkeit dem Ankommenden entgegen, daß ihr Oberkleid, ein Mantel, der an der Schnalle noch festhing, ihr von der Schulter fiel und sie um so reizender im leichten Unterkleide dem Könige erschien, je weniger sie ihm in dem Augenblicke gefallen wollte. Er beachtete auch bei der eigentümlichen, etwas spöttischen brünetten Schönheit wenig, was umher vorgegangen; er packte sie an wie ein Bär und drückte sie an sein verpanzertes Herz, daß sie von der Kälte des Stahls ein Fieberschauer anzuwandeln schien. Sie hätte ihm gern eine Ohrfeige gegeben, aber der stolze englische Held meinte, daß sie unendlich verliebt in ihn sei. Er beschaute endlich sein mit Kreide bemaltes Bild, und da er durch seine frühere Lebensweise keine sonderliche Achtung für das weibliche Geschlecht empfangen hatte, so mochte er es auf ihre Wünsche für das häusliche Leben deuten, legte auch seine Waffen ab, machte es sich häuslich bequem und schwur, daß er seine Hochzeit schon am nächsten Tage feiern wolle. Der Page mußte das alles in demütiger Entfernung anhören und bei sich denken: Wenn du ihn auch ritterlich bekämpftest, sie würde darum doch nicht dein! Am nächsten Tage wurde er nebst der andern Dienerschaft reichlich beschenkt entlassen, um der englischen Dienerschaft keine Ursache zu Streit und Eifersucht zu geben. Der Gram ergriff ihn, er meinte nicht leben zu können, ohne die Prinzessin zu sehen, und rüstete sich, um die Last einer öden Zeit von sich zu wälzen. Aber die Last war zu schwer, er verfiel in eine harte Krankheit. Der Geistliche, welcher zu ihm gesandt worden, glich seinem Oheim, aber er durfte es ihm nicht sagen. Jener regte sein Gewissen an, ob er nicht einen heiligen Beruf an der Wunderquelle verlassen, um sich der schnöden Weltlust zu ergeben; er machte es ihm zur Pflicht, wenn er genesen sollte, dahin zurückzukehren, und ließ ihm ein härenes Gewand[11] zurück. Als der Page genesen, folgte er seinem Gelübde und zog in seinem Pilgerkleide an Bennos Quelle nach Clynag zurück, die jetzt, nachdem das Wunder des heiligen Gesichts so lange ausgeblieben, etwas verlassener war.«

Der Presbyterianer unterbrach hier die Erzählung, indem er mit einiger Besorgnis fragte: »Was Teufel sind das für zwei Reiter, der eine auf dem Schimmel, der andre auf dem braunen Weißfuß? Sie sind schon zweimal an uns vorbeigeritten.« – »Haben wir Waffen?« fragte der junge Schriftsteller. – Der Alte holte ein Pistol aus seiner Tasche, bedauerte aber, daß er es vor ein paar Tagen wegen eines merkwürdigen Widerhalls abgeschossen und nicht wieder geladen habe. – Es fand sich, wie gewöhnlich bei solchen Gelegenheiten, daß die Nachlässigkeit der Menschen weit größer ist als ihre Vorsorge. Jeder Widerstand wäre unmöglich gewesen; es suchte nur jeder seine Banknoten, wie er am besten vermochte, in den Stiefeln oder wo sonst zu verstecken. Gleich darauf jagten die Reiter wieder vorüber und befahlen dem Kutscher still zu halten. Wir mußten das Fenster niederlassen. Eine ernste und feste Stimme fragte, ob nicht eine junge Dame in einem schwarzen Samtmantel mit einer Spitzenhaube in den Wagen gestiegen sei. Wir erklärten mit Aufrichtigkeit, eine solche Dame sei uns auf dem Wege nirgends be-

11. *härenes Gewand:* Büßertracht.

gegnet. Die Waliserin aber sagte mit einer weichen, verstellten Stimme, die ich dem Schrecken zuschrieb, sie habe ein solches Frauenzimmer in dem Wirtshause gesehen, wo wir zu Abend gegessen; sie hätte die Nacht da zubringen wollen. Die Reiter dankten für die Nachricht und jagten zurück. »Gewiß eine Entführte«, sagte der jüngere Reisende, »ein unglückliches Opfer; ich hätte sie nicht verraten können!« – »Ich habe sie auch nicht verraten«, sagte die Waliserin, »vielmehr habe ich die Herren in den April geschickt; ich habe keine solche Frau gesehen.« – Die weibliche List wurde von allen bewundert, und wie die Frauen gleich für einander Partei nähmen, ohne sich zu kennen. Der Kutscher rief in den Wagen, ob wir wohl die Leute gekannt hätten; der eine sei ein Constabel gewesen aus London; es müsse an dem Frauenzimmer sehr viel gelegen sein, das er suche: er habe ihm ein paar Pfund für sichere Auskunft geboten.

Nachdem dies Gespräch erschöpft war, kamen wir wieder auf den Tudor. Wir baten die Waliserin fortzufahren. »Da saß nun Tudor«, fuhr sie fort, »wie ehmals an der Quelle, und hatte mit dem Jahre Abwesenheit nichts gewonnen als ein paar Knieschnallen und eine schmerzliche Erinnerung. Die Leute sagten ihm wohl, daß er schön geworden, reichliche Opfer füllten den Opferstock bei seiner Klause, allmählich ließ er den Leuten auch wieder das Wundergesicht sehen, damit es nicht auf einmal zu sehr auffiel, wenn sich dies wieder allen zeigte; aber es wurde Winter, die Quelle fror zu, die Reisenden blieben aus, und er mußte sich auf das Singen legen, um sich mit sich selbst zu unterhalten. So entstand manches Lied, das noch jetzt bei uns gesungen wird.« aber keiner von den Herren versteht das Wälische.« – »Ich will es übersetzen«, sagte der Alte; »wenigstens weiß ich genug, um den Sinn im allgemeinen zu fassen.« Sie sang, der Alte übersetzte dazwischen, und es klang wie im Schauspiele, wenn ein

Spieler ohne Gedächtnis und dabei harthörig ist; die Stimme des Souffleurs tritt da, gleich der Rede beim Melodrama, zwischen jeden Satz, störend und doch notwendig.

Nun die heil'gen Quellen stocken,
Fließen schelmische Gedanken,
Und die bösen Geister locken
In des Herzens enge Schranken:
Und sie heizen wacker ein,
Und ich kann kein Heil'ger sein.

O ihr schelmischen Gedanken,
Weihrauch kann euch nicht verhüllen.
Und was hilft's, mit euch zu zanken?
Ihr behaltet recht im stillen.
Eure süße Möglichkeit
Gibt mir schon die Frühlingszeit.

Blütenlauben, Lustgedanken
Mir den Himmel schon verschließen
Mit den reichen grünen Ranken,
Mit den Farben, die mich grüßen
Und wie rote Lippen prangen;
Doch in Blüten lauern Schlangen!

Hier noch ein andres Lied, voll Erinnerung aus seiner Pagenzeit.

Zarter Stab der stolzen Schäferin,
Die mich früh zu ihrem Ritter schlug,
Szepter meiner kleinen Königin,
Der mich einst umsaust wie Adlerflug,
Ach jetzt sehn ich mich nach deinen Schlägen,
Wie die Flur nach Donnerschlag und Regen.

Als ich einst im Vorsaal ruhig schlief,
Goß sie über mich ein Wasserglas,
Und dann eilig aus dem Zimmer lief,
Daß ich fluchte, weil mir kalt und naß,

Bis mir einfiel, wer die Taufe schenkte;
Da schien Himmelstau, was mich erst kränkte.

Abends trug ich einst ihr Kerzen vor,
Und sie blies mir beide heimlich aus,
Schalt mich dann; ich widersprach, ich Tor,
Und sie schlug mich mit dem Blumenstrauß,
Stolperte und fiel dann auf mich nieder,
Und ich dachte: Nun, da straft sich's wieder.

Ach wie straf ich mich, ich war so blind,
Daß ich nie mein gutes Glück erkannt!
Sie war heftig, und ich war ein Kind,
Ja, ich weinte, weil ich's nicht verstand,
Setzte sie den Stuhl auf meine Füße;
Dacht' ich nicht, das sind Prinzessin-Grüße.

Katharina war als Königin von England nicht
glücklicher in der Mitte ihres Hofstaats als der arme
Tudor mitten im Schnee. Ihr Gemahl, der stolze König
Heinrich, hatte in seiner ausschweifenden Jugendzeit
zu viel geliebt, als daß er sich ihr mit dauernder Liebe
hätte hingeben können. Er nahm ihre Jugendschönheit
wie eine Trophäe mit Stolz hin; aber jede Stadt, die er
einnahm, bot ihm *neue* Trophäen der Art. Auch war
der Traktat von Troyes nur zur Hälfte in Erfüllung
gegangen, darum glaubte er sich auch nur zur halben
Dankbarkeit verpflichtet. Es kam zu Vorwürfen, und
die Königin, welche seine gegenwärtigen Verbindun-
gen nicht kannte, spottete immer über jenes verachtete
Dortchen[12], von der uns noch Shakespeare einige Nach-
richten hinterlassen hat.«

Der Presbyterianer flüsterte mir in diesem Augenblicke zu: »Was weiß ein Waliser Dienstmädchen von
Shakespeare; die ist gewiß nicht, wofür sie sich aus-
gibt, und ich müßte mich sehr irren, wenn ich nicht

12. Dortchen Lakenreißer, in Shakespeares *Heinrich IV.* (Zweiter Teil)
Dirne aus der Gesellschaft John Falstaffs in der Schenke »Zum wilden
Schweinskopf«.

unter dem roten Mantel jenen schwarzsamtnen bemerkt hätte, nach welchem der Constabel so sorglich fragte.«

Die Waliserin erzählte unterdessen weiter. »Der König rühmte dieses Dortchen, und die Königin, um ihn zu ärgern, rühmte einen Pagen, den sie gerade damals vor dem Bilde des Königs geküßt habe, als dieser hereingetreten. Das ärgerte und reizte den König; er wollte den Pagen entdecken, es entstand eine Art Eifersucht, eine Zerrerei, die den Anschein der Liebe hatte. Die Königin hatte ihm auf solche Weise mit ihrem Mutwillen manche ärgerliche Stunde bereitet. Als daher der König unerwartet, mitten im Laufe seiner glänzenden Bahn, von Krankheit niedergeworfen wurde, als er starb, da machte sie sich bittere Vorwürfe, als ob sie sein Leben verkümmert habe, und überließ sich ebenso unbesonnen ihrem Schmerz und schweren Büßungen. Ob sie dadurch besser geworden, bleibt ungewiß, aber ihre Gesundheit verschlimmerte sich, und das Weinen verdarb ihre Augen. Da kam eines Tages die alte Oberhofmeisterin mit dem Ritter Oswestry in ihr Schloß, erzählte ihr, daß sie die Sache des Dauphins aufgegeben hätten, miteinander vermählt wären und ihre alten Tage in ihrer Nähe zubringen wollten. Die Königin war sehr erfreut von ihrer Anhänglichkeit; sie klagte über ihre Augen und fragte nach Tudor. Sarah wollte von dem schönen Pagen nichts wissen, denn sie fürchtete die Geschwätzigkeit, mit der die Königin ihren Kammerfrauen alles vertraute; aber sie riet ihr, das Wasser und das Wundergesicht in Walis zu brauchen. Nach einiger Zeit entschloß sich die Königin dazu, als in den lieblichen Maientagen ihr Schmerz in unzähligen Tränen ausströmte. Sarah übernahm es mit Oswestry, für die Bequemlichkeit der Königin in unserm, damals noch von der englischen Brandfackel rauchenden, Lande zu sorgen und reiste voraus. Zuerst besuchte sie Owens alte

Mutter, um diese zu bereden, sich ein würdiges, großes Ansehen zu geben. Die alte, geradsinnige Frau, die aber ihr lebelang in dem Garten gewietet[13], gehackt, gegraben und ihre Kühe gemolken hatte, wollte von dem Glanze ihres Hauses nichts wissen; wenn die Königin käme, wolle sie ihre paar Worte auch schon zu setzen wissen, mehr sei nicht nötig, und an ihrem Jungen habe sie ein Beispiel, daß beim Hofleben nichts zu erwerben sei. Sie begab sich also zu Tudor, der eben sein Heiligenkleid trocknete, welches, mit einem Schwimmgürtel versehen, ihm das Tauchen erleichterte. Sie fragte ihn, wie es gehe. Er raufte sein Haar und sagte, daß er verzweifeln müßte in seiner Lebensweise, wenn er nicht zuweilen den Trost hätte, unglücklich Leidende durch sein Erscheinen im Teiche zu neuer Hoffnung zu wecken und manche in dieser neuen Lebensanregung zu heilen. Sie ermunterte ihn, jetzt mächtigere Hoffnungen selbst zu fassen; er solle versuchen, ob ihn die Königin liebe, ob er sich durch ihre Liebe an die Spitze aller Parteien stellen könne, die England zerrissen, und auf diesem Wege England und Walis durch ein neues Königsgeschlecht, das er begründe, miteinander versöhnen könne; denn sie habe nun einsehen lernen, daß Walis und Frankreich auf ewig durch die tiefe Meereskluft voneinander geschieden wären. – Er ließ sich dieses alles wohl dreimal sagen, ehe er nur wußte, was sie wollte, dann aber schwindelte ihm fast vor Entzücken. Er herzte die gute Sarah, er tanzte umher vor der Klause, so daß die Kinder auf ihn die Spottreime machten:

> Da droben am Hügel,
> Wo die Nachtigal singt,
> Da tanzt der Einsiedel,
> Daß die Kutt' in die Höhe springt.

Und als er sogar die Alte in seiner Waliser-Begeiste-

13. Unkraut gejätet.

rung mit ergriffen und beim Weggehen bei der Kapelle im Tanze geschwenkt hatte, sangen die Kinder:

> Da drunten am Brunnen,
> Bei seiner Kapell',
> Da ist er gesprungen
> Mit seiner Mariell.

So sind wir nun einmal in Freude und Leid; da übernimmt uns die Hitze, und wir verlieren, verschwenden in einer Stunde, was wir in Jahren bewahrt, gesammelt, erworben haben. Hätten wir englisch Blut, da stünde es mit uns besser.« Der Presbyterianer stieß bei diesen Worten der Waliserin mit dem Knie an und wies auf den Knaben, dessen herrliche Züge von dem Monde im Schlafe eben beschienen wurden; dann sagte er leise: »Englisch Blut, in Walis eingeschwärzt!«

Die Waliserin fuhr nun fort zu berichten, mit welchem Eifer sich Tudor im Tauchen und Schwimmen vervollkommnet habe, um jeder Entdeckung vorzubeugen, wenn er sich der Königin nahte, um sie auf die Probe zu stellen, ob sie ihn noch liebe. »Er befestigte ein paar Leitersprossen unter dem Wasser, um seiner Bewegung ganz gewiß zu sein. Auch schaffte er sich von den reichlichen Spenden der Pilger ein neues, glänzend weißes Kleid an, wie der in der Kapelle gemalte Heilige trug, und nähte es sich selbst; welche Kunst er als Page aus Not, um seine Kleider hofmäßig zu erhalten, gelernt hatte.

Endlich ward die nahe Ankunft der verwitweten Königin der Gegend bekannt, zog aber wenig Pilger herbei, denn man war allen Englischen abgeneigt. Die aber kamen, wurden noch durch die englischen Ritter vom Hosenbande entfernt, welche zur Sicherheit ihrer Königin vorausgezogen waren. Tudor erregte keinen Verdacht; auch war er notwendig zur Reinigung des Teiches und der Sitze und zum Bestreuen derselben mit Blumen. Endlich sah er aus seiner Klause mit klopfendem Herzen den prachtvollen Zug der englischen Ritter, welche die Königin umgaben, den Schlangenpfad am Berge herabreiten. Die Königin saß schwarz verschleiert auf einem getigerten Pferde; auf ihrer Hand trug sie einen Falken, dessen Kappe gleiche Farben zeigte wie Tudors Pagenkleidung, nämlich rot und blau. Als sie sich dem Brunnen näherte, nahm sie dem Falken spielend die Kappe ab, und dieser zur Vergeltung zerrte ihr wieder den Schleier herunter, daß Owen beide Hände vor die Augen legte und seufzte: ›Sie ist noch schöner geworden! Wie frisch, wie voll! Englands Luft hat die magre Kost Frankreichs überwunden. Sie ist auch größer geworden, das seh ich, nun sie abgestiegen an dem Ritter Blason, der mit dem Könige Heinrich damals ins Zimmer trat. Nun macht sie Kunststücke mit dem Tiger; er muß den Fuß aufheben, er spielt mit dem goldnen Gebisse! – Au weh, die Bestie beißt die Königin! – Nein, sie lacht, er hat sie nur ein wenig gekniffen; sie muß ihn schon kennen. Er mag ihr jetzt lieber sein als ihr treuer Page! Wie nennt sie ihn? Ihren Owen, ihren süßen Owen, und wie zärtlich küßt sie seine fleischfarbnen Nüstern! O du lieber, einziger Knabe, sagt sie!‹ – Was wollen wir ihn weiter anhören. – Die Liebe hat ein ewig Einerlei und möchte auch nur ewig sein, um immer so einerlei zu bleiben. Diese Reden hatten dem frommen Owen alles Zutrauen zurückgegeben, und wie sie erst jetzt etwas alles Ausschließendes in seinem Herzen geworden, so glaubte er auch in ihr zu einem Throne gelangt zu sein. Nun sah er das Zelt der Königin, rot, mit Gold verziert, in seiner Nähe aufschlagen; er sah, wie sich die Ritter auf den fernen Hügeln zu regelmäßigen Wachtposten zerstreuten. Die Königin ging dann an seiner Schwelle vorüber, legte ein Almosen darauf und bückte sich dabei so anmutig, daß er es nicht unterlassen konnte, mit den Rosenblättern, die er über die Tür ausstreute, ihr Kopf und Brust zu röten. Dann aber eilte sie mit ihrem

Falken ganz allein zum Brunnen, warf ihre goldnen Schuhe ab und zog die seidenen Strümpfe aus, um mit dem Fuße die Kühlung des Wassers zu prüfen, während der Klausner schon hinter dem Felsen nach ihr hinblickte. Sie erschrak aber vor der kühlen Welle und begnügte sich, ihre Augen mit dem Wasser zu erfrischen, das sie mit beiden Händen sorgsam emporhob. Jetzt sah er deutlich den verhaßten Ring ihres verstorbenen Gemahls und beschloß, sein erstes Kunststück zu machen, indem er eintauchte und, als sie wieder im Wasser mit der Hand spielte, ihr den Ring so leise vom Finger zog, als ob es ein Schilfhalm getan, der sich emporgehoben. Sie bemerkte nicht einmal den Verlust, sondern neckte sich mit dem Falken, dem sie einmal nach dem andern mit der Hand über die Augen spritzte, die er dann kopfschüttelnd mit weißem Augenlide schloß. Erst nach einer Weile, als sie des Spieles überdrüssig, bemerkte sie den Verlust des Ringes, betrübte sich und rief: ›Ach wenn ich ihn nie hätte an den Finger stecken müssen, so hätte ich ihn jetzt nicht verlieren können! Was werden aber die Engländer sagen, wenn ich ihn nicht mehr trage? Heil'ger Benno, hilf mir!‹ – Diesen Worten konnte Owen nicht widerstehen; er hielt den Ring in seinem Munde und legte sein Antlitz an die Oberfläche des Wassers, wo es sich mit ihrem spiegelnden Abbilde berührte. Die Königin zitterte und sprach leise und verstört: ›Heiliger Owen, heiliger Benno, dein Bild küßt mein Bild im Wasser, darum bewahre den Ring, als ob ich dir vermählt wäre! O wie ähnlich bist du dem, den ich wohl nimmer wiedersehe!‹ – Owen konnte sich nicht länger zurückhalten, er wollte sprechen, ihr seine List bekennen, als der Falke, sei es aus Eifersucht oder aus Spiellust, nach ihm hinflatterte und ihm sicher ein Auge oder den Ring entrissen hätte, wenn nicht Owen schnell sich umgedreht und ihm sein gelocktes Haupthaar preisgegeben hätte. Da schlug der Falke seine

Krallen ein; aber es war sehr dicht, auch mußte er es bald fahrenlassen, weil der geschickte Taucher den Vogel mit sich in die Tiefe gezogen hätte. Da kam dieser zur Königin zurück, als ob er etwas Gutes vollbracht hätte. Sie aber, die das vom Wasser struppige Haar des Schwimmers im Schreck für eine Verwandlung hielt, schlug ihn mit der Reitgerte und rief: ›Schändlicher, du sollst mit dem Leben für deinen Frevel büßen! Sahst du nicht, wie das Angesicht des Heiligen sich bei deiner Wildheit in ein Untier verwandelte, das seine Stacheln dir entgegenstreckte? Sicher hast du meinen Ring verschluckt.‹ Sie rief ihre englische Kammerfrau Klarisse, die ihr schon vom verstorbenen Könige als Sittenwächterin zugegeben war, und übergab ihr den Falken, daß sie ihn schlachten lasse, weil er den Ring, das schönste Zeichen einer Witwe, verschlungen habe.

Die Königin hatte inzwischen der Kammerfrau zugleich ihre Erscheinung berichtet und wie sie nun schon ihre Augen gestärkt fühle. Letztere bat die Königin, noch einen Tag zu weilen, damit auch sie eine Stärkung für ihre schwachen Augen empfangen möchte, nachdem sie den ersten Tag aus Unglauben versäumt hatte. Die Königin begleitete die Kammerfrau am nächsten Morgen nach dem Teiche. Alles war schon zur Abreise geordnet, denn ein solcher Blick war nach dem Glauben der Zeit so genügend wie jetzt eine ganze Badezeit in Bath. Owen konnte es sich nicht versagen, wieder nach dem Teiche zu schwimmen, was ihm auch bei dem ruhigen Anschauen der alten Kammerfrau bevorstehen möchte. Aber zum Glücke schien die Sonne sehr hell, und wo die Kammerfrau stand, schien alles eine Glanzbewegung im leichten Winde, das Auftauchen Owens aber, um Luft zu schöpfen, schien ihr die Bewegung eines Fisches zu sein. Klarisse setzte sich ruhig hin, um auf das Erscheinen des gerühmten Antlitzes zu warten, während die Königin geduldlos umherlief, auch dreister, durch die Gewohnheit, zu den ersten Stufen der im Wasser liegenden Steine heruntertrat und sich an ihrem schwankenden Gange im Wasser erfreute. Bald trieb sie ihr Spiel weiter, sprach mit ihrem Bilde an der Oberfläche und gab ihm einen Kuß. Aber zu ihrem Staunen erhielt sie einen wirklichen Kuß zurück. In ihrer lustigen Tollheit rief sie zur Kammerfrau: ›Sieh, sieh, ein großer Fisch, der mich anbeißen wollte wie einen Regenwurm am Angelhaken; den muß ich fangen!‹ – Ohne ihres gestickten feinen Kleides und ihres goldnen Gürtels zu achten, noch der Gefahr, daß der kleine Teich ihren Füßen zu tief sein möchte, schritt sie hinein, als wäre es eine Badewanne, und griff in das getrübte Wasser, wo sie den Fisch noch zu sehen glaubte. Die Kammerjungfer war eigentlich recht neugierig auf den Fischfang, ob sie gleich so ein Wort fallenließ, als ob eine Königin dafür ihre Leute habe; um so größer war aber ihr Schrecken, als die Königin in dem Wasser mit einem leichten Schrei nach Hilfe verschwand, die blendende Welle über ihr zusammenwirbelte und sich nicht wieder auftat, sie emporzuheben. Die gute Dame lief, im Verlangen, der Königin nachzuspringen, doch ohne Mut dazu, mit Jammergeschrei am Teiche umher. ›Ach Ihro Majestät‹, rief sie, ›machen Sie keinen Ihrer alten Späße, mit denen Sie mich so oft erschreckt haben; es dauert zu lange, Sie erstikken, Sie sind verloren!‹ Die Ritter standen zu entfernt vom Brunnen, als daß ihr Geschrei sie hätte erreichen können. Aber Owen kam nach einiger Zeit aus seiner Klause und tröstete jene, indem er versicherte, dies sei eine hohe Stufe von Glück, wen der Wundermann Benno in voraus mit dem Jenseits bekannt mache, wonach Tausende vergebens blickten; sicher führe sie derselbe auch hieher zurück, sie möchte nur an dem Brunnen ausharren, er wolle über solche Geschichten seine alten Brunnenbücher in der Klause befragen. Aber Klarisse verschmähte allen Trost; sie versammelte bald Leute, die mit Stangen den Teich durchsuchten. Natürlich vergebens – denn die Königin saß unterdessen in Owens Pagenkleidung an dem Feuer seines Herdes und trocknete ihre königlichen Kleider. Owen hatte sie ohne Willen und Absicht, als sie sich so unbesonnen in das tiefe Wasser herabließ, unter demselben fort nach der Felsenecke getragen, wo der Bach in den Teich floß, und hinter demselben unbemerkt zu seiner Klause. Sie war nur einen Augenblick betäubt gewesen und hatte ihn dann mit seligen Augen angeblickt; so hatte er sie vorher verlassen, als er der Kammerfrau zueilte, um keinen Verdacht zu erwecken.

Erst jetzt konnte er sich der Königin, die ungeduldig seiner Rückkehr in der Hütte gewartet hatte, erklären. Die Erzählung war bald vorüber, aber die gegenseitige Freude aneinander wuchs immer höher; beide standen in der höchsten Blüte ihrer Schönheit, und in diesem innigen Gefühle, den Gipfel erreicht zu haben, erweckte ihnen die heilige Umgebung, zu der auch Owens Gewand und Lockenbart zu gehören schien, einen leisen Schauder und Furcht vor der Zukunft. Aber die Tür war verschlossen und die Welt von ihnen getrennt, und die Königin glaubte seinen Worten, wie er Walis und England durch eine Verbindung mit ihr vereinen, sich an die Spitze der Parteien setzen und für die Herrschaft sichern wolle, alles, wie es ihm Sarah vorgesagt; denn ihm selbst kamen dergleichen Weitläuftigkeiten nicht leicht in den Kopf. Sie fragte nach seinem Rittersitze Plas Penmynidd, und er rühmte es als einen glücklichen Wohnsitz vertraulicher Liebe, erzählte von den schönen Aussichten daselbst, von dem frischen Grün und von den Felsenhöhlen am Wasserfall. Sie ließ sich den Weg dahin genau beschreiben; er gab ihr an, wie die Wege an der Mühle sich trennten, dann rechts bis zur Brücke, von da links zur Überfahrt fortliefen und wo von dem Kreuze an der Höhe das Schloß gesehen werden könne; dann beschrieb er ihr alles im Schlosse, die Mutter und ihre Haushaltung.

Sie sprach: ›Es ist genug, du bringst mich heimlich wieder zum Teiche, ziehst heimlich nach Plas Penmynidd, während alle über meine Rückkehr aus dem Wasser staunen, bestellst einen Geistlichen zu der Kapelle und erwartest mich dort in der Rüstung deines Vaters mit geschlossenem Visier.‹

Unter Zärtlichkeit und Gesprächen war die Nacht schlaflos vergangen. Sie sahen deutlich in der ersten Morgendämmerung, daß die Ritter, des vergeblichen Suchens überdrüssig, in ihre Mäntel gehüllt, sich zur Ruhe gelegt hatten. Nun warf die Königin schnell das getrocknete Kleid über und legte den goldnen Gürtel an. Nach zögerndem Abschiede trug sie der Klausner leise durch das Felsenbette des Baches und stellte sie unbemerkt auf die Sprossen im Teiche, indem er ihr Gewand vorsichtig gegen jede Durchnässung schützte. Als er nach der Klause zurückgekehrt war, stellte er seine Lampe, wie er verabredet hatte, unter das Strohdach derselben und eilte, von dem Halbdunkel gedeckt, zu dem Pfade nach der Heimat. Als er die Höhe erreicht hatte, weckte die Königin ihre Ritter mit einem Morgenliede:

> Meint ihr, Sterne löschen aus,
> Wenn der Morgen strahlt ins Haus?
> Höher spielen Herzensflammen
> In der lichten Morgenblendung,
> Und sie schmelzen dann zusammen,
> Die getrennt durch Himmelswendung,
> Die von ferne sich nur schauten,
> Zu Vertrauten.
>
> Meint ihr, Lampen löschen aus,
> Wenn die Sonne strahlt ins Haus?
> Freier flammt das Herz im Morgen,
> Wie die Lampe, die vergessen,
> Weil sie in dem Licht verborgen,
> Dach und Haus entflammt vermessen;

Ach dann werdet ihr sie sehen,
Wenn's geschehen.

Die Ritter fingen an, sich zu regen, und rieben sich die Augen. Die Königin sang scherzend weiter:

Wachet, ihr Treuen,
Ich bin zurück!
Euch zu erfreuen,
Winket das Glück,
Winkt mit den Fahnen
Droben am Tor;
Goldene Bahnen
Zeichnet es vor,
Reißet den Schleier,
Der mich umwand,
Zeigt mir den Freier
Hier in dem Land.

Die Ritter konnten gar nicht recht zur Besinnung kommen, sie bekreuzigten ihre Stirnen und wollten erst nicht glauben, daß die Königin lebe. Aber die Wirklichkeit läßt sich nur von der Tollheit abweisen. Sie hatten den Glauben in ihren Händen, als sie die Königin auf ihren Speeren, wie auf einer Brücke, von den Sprossen im Wasser an den Rand des Teiches hinüberführten. Es kam die Kammerfrau und staunte, das Kleid der Königin trocken zu finden. Die Königin war in der einen Nacht allen so fremd und wunderbar geworden, als ob sie ein paar Jahrhunderte in einem Berge verzaubert geruht hätte. – ›Ach, wo bin ich gewesen‹, antwortete sie den Fragenden, ›nun kann es mir nirgends mehr gefallen! Welch ein himmlisches Jahr war das!‹ – ›Ein Jahr?‹ rief die Kammerfrau; ›ein Tag war es; eigentlich nur eine Nacht. Das lohnt noch, heilig zu sein; ärmlich ist dagegen aller Plunder auf Erden.‹ – ›Waret Ihr im Himmel, und auf welchem Wege seid Ihr zurückgekommen?‹ fragte ein Ritter. – ›Nicht eigentlich im Himmel‹, antwortete die Königin, ›aber doch in der Vorhalle zu ihm. Der Heilige führte mich dahin, um mir gute Lehren zu geben und mich über mein künftig Schicksal zu unterrichten. Er trug mich durch das Wasser, die Erde spaltete sich; aber wohin er mich getragen – aufwärts oder niederwärts –, kann ich nicht sagen. Einen andern Weg gingen wir zurück; die flüssigen Wasserwellen standen wie gefroren zu beiden Seiten; so blieb mein Kleid unbenetzt, und ich begrüßte die Welt wieder auf Stufen, die im Wasser fest standen.‹ – Die Ritter hatten die Stufen schon gestern beim Durchsuchen des Wassers bemerkt; aber eine Öffnung war nirgends zu erforschen. – ›Alle Bemühung ist vergebens‹, sagte die Königin; ›denn der Felsgrund öffnet sich nicht jedes Willen.‹ Und nun berichtete sie ihnen, wie in jenem Vorhimmel von den Verstorbenen alles in voraus versucht werde, was auf der Erde geschehen solle, und jeder suche die Seinen dabei zu schützen; vieles, was in der Absicht der Menschen ganz vernünftig liege, werde da in voraus geändert und dann auf Erden gehindert, weil es sich in der Erfahrung dieser Probewelt als verderblich gezeigt habe, und manches, was in einem Jahre noch ohne Sinn und zwecklos scheine, erhalte seinen Sinn im folgenden, wie das edle Gewürz des Kümmels auch erst im zweiten Jahre seine heilenden kräftigen Körner trage. Jeder, fuhr sie fort, spreche da für die Seinen, aber mehr sei ihm nicht erlaubt; oft müßten Eltern ihre geliebten Kinder in ihrer Laufbahn zu stören raten, damit sie nicht dem Verderben ihrer Seele zueilten. Zuweilen erscheine der Rat jener liebenden Toten in Zeichen und warnenden Träumen. Ihr sei auch das Glück geworden, durch Zeichen zu vernehmen, wohin sie sich wenden müsse. Und nun erzählte sie von dem Wege bis zur Mühle, von der Brücke, von der Überfahrt, von dem Kreuze, wie das Schloß aussehe und die alte Mutter darin, die an einem kostbaren

Tische sitze und Gesottnes und Gebratnes esse, bewacht
von zwei Wächtern und sechs Paar Bewaffneten, und
so weit sie sehen könne, sei das Land unter ihr. In der
Kapelle stehe aber der Sohn in seiner Rüstung und erwarte die Braut, die ihm ein Traum verheißen; und
diese Braut werde *sie* sein, und der Kapellan werde sie
einsegnen.

Die Ritter waren nun einmal ins Land der Märchen
versetzt; sie hätten ohne weitere Zeichen an alles ge-
glaubt und wären der Königin gefolgt. Aber sie gab
ihnen noch *dies* Zeichen: Die Klause in ihrer Nähe
werde in Flammen aufgehen, nachdem der Klausner
gestern, aus Verzweiflung über ihren vermeinten Tod,
in das wilde Gebirge entflohen sei. Schon wirbelte
Flamme und Rauch durch das Strohdach; die Ritter
retteten nicht, sondern zogen mit der Königin auf dem
bezeichneten Wege der Mühle zu. Sie fanden, ohne zu
irren, Mühle, Brücke, Überfahrt, Kreuz und Schloß.
Am Tore rief der geachtete Ritter Blason hocherfreut:
›Dies Schloß gehört einem aus meinem Stammbaume,
das erkenne ich an dem Rindsknochen, der hier vor
dem Schilde befestigt ist. Dies ist eins der ältesten
Häuser unter meinen Ahnen, und wir konnten bisher
nicht entdecken, wo sein eigentlicher Stammsitz gewesen. Sei mir gegrüßt, du heiliger Überrest meiner Vorfahren!‹ – Die Königin benutzte diesen glücklichen Zu-
fall, von Owen Glandower und Kadwallader als
Stammvätern dieses Hauses zu sprechen, während sie
heimlich lachte, daß jener den Klöppel, womit man,
in Ermangelung einer Glocke, zum Gottesdienst in der
Kapelle einlud, indem damit gegen das Brett geschla-
gen wurde, für ein Stück seines Wappens und seiner
Vorfahren genommen. Sie stiegen am Tore ab, kop-
pelten ihre Pferde zusammen und gingen, geführt von
der Königin, in das Schloß. Im gewölbten Saale fanden
sie die alte Mutter, die auf ihren Knien, nach Gewohnheit, gesottne und gebratne Äpfel aß und gleichgültig

gegen alle Ehrenbezeugungen den Ankommenden erklärte, ihr Sohn sei ein Narr geworden und erwarte eine Braut, die er nie gesehen, von der er nur geträumt habe, bei brennenden Kerzen in der Kapelle. Die Ritter erkundigten sich nach den Umständen der Alten; sie erklärte, daß es ihr größtes Glück sei, sich nicht in *andern* Verhältnissen zu befinden; sie nähme keine tausend Pfund für ihren Tisch (sie meinte ihre Knie), er sei besetzt mit Gekochtem und Gebratnem (sie meinte die Äpfel); sechs männliche und sechs weibliche Dienstboten stünden mit doppelter Bewaffnung immer bereit in ihrem Vorhause (sie meinte ihre sechs Ochsen und sechs Kühe mit ihren Hörnern); auch habe sie zwei Schloßwächter mit Sporen, deren Wachsamkeit sie vertrauen könne und die schon manchen blutigen Kampf gestritten (sie meinte die beiden ritterlichen Haushähne), ja so weit sie sehen könne, sei das Land unter ihr (das konnte sie sagen, denn das Schloß hat die Aussicht über das Tal). Sie bedaure, daß sie die Ritter in keinem größeren Schlosse empfange; aber sie hätten es sich selbst zuzuschreiben: warum hätten die Herren Engländer das ganze Land ausgebrannt. – Die Königin ließ sich vor der Alten bei diesen Worten auf ein Knie nieder und bat sie, alle Feindschaft gegen England aufzugeben; sie wolle beide Völker durch eine Heirat versöhnen und verbinden; sie sei die Witwe König Heinrichs, ihr Trauerjahr vorüber, und sie sei auch durch Eingebung berufen, in das Schloß geführt worden, damit sie als Braut ihrem Sohne die Hand reiche. Die Alte meinte, es könne nicht anders sein; die Ritter stimmten darin ein, und alle führten die Königin zu der Kapelle, wo Owen Tudor mit geschlossenem Helme in der Rüstung seines Vaters vor dem Altar kniete. Der Kapellan wechselte die Ringe; auf diesem Wege erhielt die Königin den im Wasser abgezogenen Ring neu geheiligt zurück. Als Owen das Visier öffnete, um die Königin als seine Gemahlin zu küssen, gestanden die

Ritter ein, daß nie ein Helm auf einem schöneren Wappen geruht habe.

Wenn es nur heller wäre«, unterbrach sich hier die Waliserin, um ein Wagenfenster zu öffnen; »wir müssen das Schloß von hier sehen können.« – »Guter Gott«, rief der alte Herr, »haben sie drei Hände?« – »War das *ihre* Hand, die mich so schrecklich drückte«, antwortete ihm unmutig der junge Mann, und beide besahen ihre Hände, die sie auseinanderzogen. »Wie man sich täuschen kann!« sagte der Jüngere. »Wenn es den beiden Vermählten nur nicht auch so ergangen. Sie haben mir die Hand gedrückt, daß die Stelle noch ganz weiß ist.« – »Ich meine, es wäre besser, daß wir schweigen«, sagte der Alte; »mein väterliches Wohlwollen gegen das liebe Kind hat sich täuschen lassen.« – »O ihr eiteln Seelen«, unterbrach ihn die Waliserin, »wie könnt ihr euch einbilden, daß ein Mädchen, die euch erst seit gestern kennt, euch die Hände drücken wird! Und wißt nur, ich habe einen sehr schönen Bräutigam in der nächsten Station, und ich denke meine Hochzeit nicht *länger* aufzuschieben als die Königin. Da seht hinaus! Hier ist das Kreuz, hier könnt ihr das Schloß Plas Penmynidd sehen. Die Mauer der alten Kapelle, wo die Königin vermählt wurde, ist noch an den Fenstern zu kennen; jetzt ist es ein Brauhaus; die andern Gebäude sollen aber später aus der Tasche der Königin erbaut worden sein.« – »Wir müssen aussteigen«, rief der alte Herr. »Halt, Kutscher, wir wollen uns da umsehen! Ich sehe den Rindsknochen am Brette hängen.« – »Vielleicht sitzt auch die Alte noch an ihrem Tische für hundert Pfund«, sagte der Junge. »Halt, Kutscher!« – »Nicht für hunderttausend Pfund«, antwortete dieser, »ich habe die Zeit etwas verträumt, und ich höre die Oppositionskutsche eben im Wege rollen; meine Ehre und mein Dienst ist verloren, wenn ich nicht früher in der Stadt eintreffe.« Der Presbyterianer erläuterte uns dies, indem er erzählte, wie sich zwei Postwägen bei zwei Wirten gebildet hätten, die einander an Schnelligkeit zu übertreffen wetteiferten und deswegen schon ein paarmal Unfälle veranlaßt hätten. – Der Wagen ging jetzt mit unglaublicher Schnelligkeit; es war uns allen nicht recht wohl dabei. »So treiben's die Staaten und die Parteien gegeneinander«, seufzte der Presbyterianer. Endlich bezwang die Kraft des Kutschers die durchgehenden Pferde. Er fluchte, daß er seinen Mantel dabei verloren; aber er hielt nicht still; er behauptete, die Oppositionskutsche habe umgeworfen. Wir baten die Waliserin um die Fortsetzung ihrer Geschichte. »Was ist vom Glücke viel zu erzählen«, fuhr sie fort; »die neu Vermählten vergaßen miteinander die Parteien, und wenn sie sich an die Spitze derselben stellen sollten, flüchteten sie sich, zum Ärger für Sarah und Oswestry, nach Plas Penmynidd, um sich erst zu besinnen. Wie hätte Owen so lange an der Quelle von Liebe träumen können, wenn ihm die Schicksale der Völker sehr nahegegangen wären; wie hätte sie sich der Liebe zu ihm hingegeben, wenn ihre Seele weltliche Entwürfe gehegt hätte? Beide lebten, von den Parteihäuptern aufgegeben, in stiller Sorge für ihre Kinder. Die Liebe empfindet vielleicht mehr als ein Lebensalter voraus und weiß doch nicht, woher ihre Größe und Innigkeit; so mochten auch sie liebend ihren Beruf ahnen, ein mächtiges Geschlecht von Herrschern zu gründen, ohne selbst diese Herrschaft zu erreichen.« Bei diesen Worten ruckte der Wagen im Stillehalten. Dies beschloß die Erzählung. Der Kellner öffnete die Tür der Kutsche; der Wirt rühmte den Kutscher, streichelte die Pferde und warf ihnen Decken über. Kaum war die Waliserin mit ihrem Knaben in das Gastzimmer getreten, so rief sie freudig auf: »Mallwyd!« und wollte einem jungen Manne in die Arme stürzen, der tiefsinnig, ohne auf uns zu achten, in einer Ecke des Sofa saß, die Hand gegen die Stirn gedrückt. Er fuhr wie aus einem

Traume auf, es schien ihm an Worten zu fehlen, seine Lippen zuckten, ehe er heftige Worte in gälischer Sprache gegen sie ausstieß. »Es ist ihr Geliebter«, sagte der Presbyterianer; »er wirft ihr vor, daß in einem öffentlichen Blatte gestanden, sie sei ihm untreu; er droht ihr und dem Kinde den Hals umzudrehen. Er will nicht hören, er will sie umbringen. Er faßt nach dem Kinde!«

In dem Augenblicke traten alle dazwischen. In England fehlt nie ein Schützer des Schwachen; es bedarf dazu keiner Anmahnung. Der Zornige gebärdete sich fürchterlich, die fremde Sprache klang schrecklich. Seine Augen traten heraus, als ob er sie, wie Kugeln, seiner Braut ins Herz schießen wollte, sein Mund schäumte, und mit seinen Händen zerriß er die Weste, um sich Luft zu schaffen. Weiter verstand ich kein Wort. Der Presbyterianer erforschte mit Ruhe die Umstände. Endlich schien sich alles auseinanderzusetzen, als ihm die Waliserin ein Papier zeigte. Die Augen gingen ihm in Tränen über; er faßte die Hände der Waliserin, entschuldigte sich gegen uns und ging mit ihr und mit dem Kinde in ein Nebenzimmer. – Der Presbyterianer erklärte uns nun alles. Der Constabel, der uns zu Pferde begegnet sei, müsse sich hier wahrscheinlich aufgehalten haben, um Nachforschungen zu tun über die Richtigkeit der Aussagen dieser Waliserin in dem Prozesse einer sehr angesehenen Frau, die der Untreue von ihrem Manne beschuldigt worden sei, weil sie in seiner Abwesenheit ein Kind geboren, welches sie nachher als ein fremdes aufgenommen und erzogen. Die Waliserin habe aber, wie sie sage, aus *Mitleid* gegen die unglückliche Frau – vielleicht auch, um sich eine reiche Ausstattung zu verschaffen – das Kind für das *ihre* vor Gericht erklärt; und dies sei jener Knabe, mit welchem sie darauf gleich fortgereist sei, um sich nicht bei weiteren Verhören zu widersprechen. Aber gleich nach ihrer Abreise sei Verdacht gegen ihre Aussage vom

Sachwalter des Mannes erregt worden, und es sei ein Glück für sie gewesen, daß sie sich in einen schlechteren Mantel gehüllt habe, sonst wäre sie sicher von dem Constabel gleich arretiert[14] worden. Ihr Bräutigam habe der Sache erst gar keinen Glauben beigemessen; als er aber in dem Zeitungsblatte, das der Constabel ihm vorgezeigt, nach ihrer eignen Angabe gelesen, daß sie Mutter des Kindes sei, da habe er sich für überzeugt gehalten, nachdem er sich schon seit vier Jahren mit ihr verlobt und sich bemüht habe, eine unabhängige Handelsverbindung zu erlangen. Doppelt sei er nun beschämt worden, als er nicht nur ein Zeugnis ihrer Unschuld gelesen, sondern auch die Nachricht, wie reichlich sie für ihre Aufopferung belohnt worden sei. »Sie wollen jetzt nach Portugal gehen«, so schloß er; »ein Schiff liegt in Holyhead bereit; der junge Mann hat da eine vorteilhafte Spekulation gemacht und ein eignes Handelshaus begründet.«

Nun eröffnete sich eine Diskussion über das Moralische dieser Handlung. Es sei großem Unheil vorgebeugt worden, das gestanden alle ein; ein hohes Haus bleibe dadurch in Ehren; aber das falsche Zeugnis wollte doch keiner loben, noch weniger, daß sie Geld für diese falsche Aussage angenommen. Der Presbyterianer sagte aber, es lasse sich entschuldigen, weil der Gegner zwar das Wahre geahnet, aber auch nur falsche, jedermann als solche bekannte Zeugen gestellt habe, und da sei es Gerichtsbrauch, daß die erste Falschheit die zweite entschuldige, und der rechtlichste Advokat halte sich dazu immer ein paar falsche Zeugen in Bereitschaft.

Eine große Zahl wohlgekleideter Menschen, die sich dem Hause näherten, unterbrachen das Gespräch. Wir fragten nach dem Grunde dieses Zusammenlaufens und erhielten zur Antwort, es sei ja Sonntag. Wir waren

14. verhaftet.

verwundert, allesamt beim Wachen den neuen Tag wie unsre Uhren vergessen zu haben, die stehengeblieben waren, weil das Schlafengehen uns keine Erinnerung zum Aufziehen derselben gegeben hatte. Wir fragten weiter, ob denn die Kirche im Hause sei. »Es ist nur ein großer Betsaal«, antwortete der Kellner; »es sind die Jumpers, die Springer, die hier ihre Andacht halten, unser Herr ist auch einer.« Nun war der Entschluß bald gefaßt, die Postkutsche fahren zu lassen. Die beiden gelehrten Reisenden wollten ohnehin hier ein paar Tage verweilen, der Presbyterianer die Jumpers beobachten. Ich bestellte eine Postchaise auf ein Stündchen später, nachdem ich gehört hatte, daß es uns unverwehrt sei, der springenden Versammlung beizuwohnen. Der junge Reisende meinte, die Gesellschaft möge wohl noch von dem Owen Tudor stammen, der durch Tanzen sein Glück gemacht habe, und als der Presbyterianer wieder heftig auf diesen gotteslästerlichen Gottesdienst, wie er ihn nannte, schimpfte, erklärte er sich ungefähr folgendergestalt darüber: »Die himmlische Einheit, die alles Leben durchdringt und heiligt, will errungen sein auf irgendeinem Wege. Der *Ruhende* fühlt sich bald in irgendeiner Art mit sich entzweit. Alle Wege lebendiger Tätigkeit führen aber wie verschiedene Adern mit ihren Pulsen zu *einem* Herzen; wer möchte sich streiten um den rechten Weg! Der kürzeste ist gewiß die schuldlose Liebe jugendlicher Herzen; rein steigen sie, wie jene Königin, aus der Unterwelt empor, ihrer Zukunft bewußt, und vergebens suchen die andern den Weg, den sie wandelte; sie finden kaum die letzten Sprossen der Leiter. So möchte es aber auch uns ergehen, wenn wir dem Tanze dieser den Herrn in ihrer Art liebenden Gemeinde zuschauen; die Bewegung ist es nicht allein, auch sind es nicht die Worte an sich, sondern es liegt in der Einheit von allem dem, was diese Leute auf diesem Wege unmittelbar ergreift, fortreißt, und eben dies unbegreifliche Durchdringen und Zusammentreffen des Unvereinbarsten ist es, was allein den Menschen über die Zerrissenheit und Verworrenheit der Welt trösten kann.« – Der Presbyterianer erwiderte, daß also Seiltänzer, Voltigeurs[15], gymnastische Künstler aller Art, Reiter, Schwimmer diese ihre brotlosen Künste zu einem wesentlichen Stücke des Gottesdienstes machen könnten. – »Wenn sie daran glauben«, antwortete jener, »und eine Gemeinde finden, die diesen Glauben teilt, warum sollte nicht diese Kunst, wie die Musik und Malerei, eine heilsame Anregung zu dem geben, was doch höher steht als *alle* Künste.« Der Presbyterianer hätte zornig werden mögen; aber die Zeit war da, um in das wenig geschmückte heilige Tanzhaus zu treten. Die Gemeinde stand in guter Ordnung um die Kanzel, welche von dem ersten bestiegen wurde, dem ein Spruch wie eine Eingebung zugekommen; die ganze Gemeinde wiederholte letztern in einer Art Chor. Nach ihm trat ein andrer auf; der Chor wurde lebhafter. Schon beim dritten Spruche bewegten sich alle in heftigem Takte. Jeder ergriff seine Nachbarn, faßte ihre Hände. Bald zu zweien, bald zu dreien sprangen sie empor nach allen Kräften und zu bedeutender Höhe. Auch den alten Reisenden ergriff ein riesenhafter Bergbewohner; er mußte springen. Dies hatte die unerwartete Wirkung, daß seine dick mit Schriften angefüllte Rocktasche sich ihrer Vorräte entlud. Der jüngere Reisende hob gefällig diese teils gedruckten, teils geschriebnen Bogen auf, blickte zufällig hinein und fand darin seinen Namen. Er sah weiter und entdeckte Schimpfreden gegen seine früheren Schriften. Kaum hatte er Atem genug, den Alten zu fragen, ob er der Schurke sei, der alle seine Reisebeschreibungen für Windbeutelei erkläre. Der Alte fragte mit gleicher Wut, ob er der Naseweis sei, der ihn ausschreibe und für einen Pedanten erkläre; wobei

15. Kunstspringer.

er Perücke und Rock abwarf, sein Hemde auch herauszog, um sich zum Boxen anzuschicken. Der Jüngere wollte sich nicht schimpfen lassen, warf auch seinen Rock ab und schwur, daß er dem Alten die Schreibefinger zerschlagen müsse, weil sie einander sonst mit denselben Erzählungen dieser Nacht vernichteten. Die Gemeinde wäre durch diesen Streit gestört worden; aber der Presbyterianer rief ihnen zu in ihrer Sprache, dies sei der englische *bischöfliche* Gottesdienst; sie suchten sich auf diesem Wege die Folgen der Erbsünde auszutreiben. So wetteiferten die Stimmen, die Bewegung vermehrte sich, Kopftücher, Halstücher flogen umher, Haare rollten sich auf, die Augen glühten, während die beiden Reisenden einander bis zu gänzlicher Erschöpfung abpufften; der Alte mit mehr Stärke, der Junge mit mehr Gewandtheit. O ihr nervenschwachen Bewohner großer Städte, die ihr durch eine knarrende Tür schon in der Andacht gestört werdet, nehmt ein Beispiel an diesen Berggläubigen, wieviel ein andächtiges Herz von fremdartiger Störung ertragen kann!

Während ich unter solchen Betrachtungen hinter einer Säule dem allen zusah, um nicht auch von einer Tarantel ergriffen zu werden, stieß mich von hinten die Waliserin an. Sie sah entstellt aus und flüsterte mir zitternd zu, daß ich sie retten könne. »Wie?« fragte ich erstaunt. – »Nehmen Sie mich heimlich nebst dem Kinde in ihrer Postchaise mit. Der Constabel ist in der Oppositionskutsche zurückgekommen, und wäre diese nicht umgeworfen worden, so hätte er mich schon gefaßt. Er will mich arretieren! Mein Glück und das Glück jener edlen Frau steht auf dem Spiele! In Holyhead finde ich ein Schiff und meinen Bräutigam. Halten Sie den Constabel hier auf mit Tanzen; der Presbyterianer will auch helfen, unterdes verpacke ich mich unter Decken im Wagen, und die Pferde werden angespannt.« – »Aber woran erkenne ich den Constabel?« – »So ein Mensch ist nicht zu verkennen, der ist in allen Weltteilen und Weinen abgeglüht.« – Mit diesen Worten verschwand sie, und es trat ein kraftvoller Mann herein mit fürchterlich ausgearbeitetem Gesichte. Seine Augen verrieten, daß er jemand im Saale suche. Es dauerte nicht lange, so hatte ihn der Presbyterianer beim Kragen. Dem Constabel schien das Springen ein absonderliches Vergnügen zu machen; es schien ein Kerl zu sein, der eine Nacht um und um, ohne Absetzen, auf einem Flecke seinen Riel* tanzte. Bald merkte ich, daß dem Presbyterianer der Atem fehlte; ich mußte ihn ablösen. Der Constabel wollte sich losmachen, aber es half nichts; fester hatte der Falke nicht in das Haupthaar Tudors seine Krallen eingeschlagen, als ich meine Hände in seinen Rockkragen. Endlich sah ich auf dem Hofe die Postchaise angespannt vorüberrollen. Da übergab ich ihn dem Presbyterianer wieder, dessen Asthma eben nachließ, und schlich mich in Sprüngen durch die Leute zur Tür hinaus. Wie schnell ich von da zum Hause hinaus in den Wagen schlüpfte, läßt sich denken. Seit ich den Constabel gesehen, war ich gewiß, daß bei der Sache Betrug und Falschheit sich ins Recht gedrängt hatte. Ich brauchte den Kutscher nicht anzumahnen, daß er zuführe; er hatte gewiß schon ein Trinkgeld bekommen. Er flog mit seinen dürren Beinen beständig so hoch auf dem Sattel, daß ich den Sattelknopf beständig sehen konnte. Schon ermunterte ich die Waliserin, ihr ängstliches Zelt von Pferdedecken zu verlassen und sich neben mir zu setzen; aber sie scheute sich noch. Und das war ihr Glück; denn bald darauf sah uns der Mann auf dem Braunen, der in der Nacht den Constabel begleitet hatte und sicher hier am Wege als Wache ausgestellt war, in den Wagen. Als er mich allein erblickte, fragte er flüchtig, ob mir nicht ein Frauenzimmer in schwarzem oder rotem Mantel begegnet sei. Ich antwortete, daß

* Ein beliebter schottischer Tanz.

ich ein Frauenzimmer in rotem Mantel hinter einer Hecke beim letzten Orte hätte stehen sehen; sie hätte ein Kind an der Hand geführt. »Sie ist's«, rief er, wandte sein Pferd, gab ihm die Sporen und jagte zurück. »Glück auf den Weg, du sollst uns nicht mehr in die Quere kommen«, rief die Gefangene unter den Pferdedecken.

Das war die letzte Gefahr des armen Kindes, die sie zu Lande auszustehen hatte. Nun richtete sie sich auf; denn sie schwur, es nicht länger in dem Dufte der Pferdedecken aushalten zu können, ob sie sich gleich zehnmal die Lehre der alten Sarah, sich nicht zu ekeln, zugerufen habe. Das Kind war nicht minder vergnügt über seine Freiheit. Ich besah die Linien seiner Hand, ob nicht eine große Zukunft darin zu lesen; aber wenigstens fand ich darin eine große, kräftige Lebenslinie.

In Holyhead fand sich der Bräutigam in dem verabredeten Wirtshause am Meere bei der Braut ein. Das Schiff war bereit, der Wind gut. Wir hielten noch ein lustiges Frühstück, auch wurden viel Lebensmittel eingepackt, weil der portugiesische Schiffskapitän dem Schiffsherrn auf der »Belle France« zu gleichen schien. Überhaupt wechselte bei dem Frühstücke der Owen Tudor mit seinen Ereignissen, bis er zu einer Frau gelangte, mit den wirklichen Verhältnissen so seltsam in unsern Gesprächen, daß der Bräutigam immer mußte belehrt werden, was es bedeute. Die Waliserin versicherte, daß Owen Tudors Tanzkunst der Königin gewiß nicht so viel Freude gemacht habe als ihr der Gedanke, daß der ernste Presbyterianer und ich und der Constabel in Jumpers verwandelt worden wären. »Werden Sie«, sagte sie scherzend, »ein Missionär der Jumpers in den fernen Landen; Sie finden gewiß Anhänger unter den Leuten, die sich auf Wachparaden und in Parterren die Füße verstehen, oder auch in Gesellschaften; man muß sich nur nicht *schämen*.« – Bei diesen Worten ergriff sie meine Hand und die Hand ihres Bräutigams, und wir tanzten, in der Bewegung des schottischen Riels, der Schaluppe zu, indem die Matrosen mit den Paketen sangen. So lustig schieden wir.

Als ich ins Wirtshaus zurückgekommen, übergab mir der Wirt ein schönes Fernrohr, das der Bräutigam mit einem Gruße mir zum Geschenke zurückgelassen hatte. Ein bißchen Not macht schnelle Freundschaft. Ein paar Stunden sah ich dem Schiffe nach durch das Fernrohr und gab Zeichen mit dem Tuche. Fahrt wohl, ihr Freudigen, und wenn der Tod euch trennen will, schickt ihn wie den Constabel in das Tanzhaus der Jumpers!

## Der Erzähler Achim von Arnim

Während in seiner Heimat, der Mark Brandenburg, der Winter hereinbrach, stieg im Spätjahr 1802 der einundzwanzigjährige Achim von Arnim mit seinem Bruder vom Mont Cenis herab in den lichten Süden, nach Turin, Genua, Nizza, Toulon, Marseille, und erlebte die Landschaft, in der manche seiner Erzählungen spielen sollte. Arnim, der am 26. Januar 1781 als Sproß eines alten Adelsgeschlechts zur Welt gekommen war, hatte das Joachimsthalsche Gymnasium in Berlin besucht und seit 1798 in Göttingen, Jena und Halle die Naturwissenschaften studiert, denn er wollte ein großer Physiker werden. Dann war er auf die Reise gegangen, um Frankreich und England kennenzulernen. Über Lyon gelangte er nach Paris, wo ihn der preußische Gesandte sogar dem Konsul Bonaparte vorstellte. Im Juni setzten die Brüder nach England über. In London befreundete er sich mit der berühmten Sängerin und ehemaligen Geliebten Bonapartes, Giuseppa Grassini. In England, das Arnim viel vertrauter und verwandter als Frankreich anmutete, durchstreifte er Wales und ganz Schottland. In einer Postkutsche erzählte ihm eine Waliserin jene Geschichte von Owen Tudor, dem Ahnherrn des Geschlechts, aus dem fünf englische Herrscher hervorgingen (Heinrich VII., Maria I., Heinrich VIII., Eduard VI., Elisabeth I.), die er in seiner Novelle behandelt. In der Tat ist die Eheschließung Owen Tudors mit der Witwe des frühgestorbenen Heinrichs V. (1413–22) nicht zu belegen. Bis heute weiß niemand Ort und Tag dieser Hochzeit. Noch in Shakespeares Drama *Richard III.*, in dem die Machtergreifung des Hauses Tudor vorkommt, nennt der Titelheld die Enkel Owen Tudors »Bastarde von Bretagniers«, die »sich der Schand' urkundlich preisgegeben«. Übrigens hat Shakespeare in der Schlußszene seines *Heinrich V.* die Werbung Heinrichs um die zierliche französische Königstochter Katharina dargestellt und die Problematik dieser Ehe mit dem Feind ihres Landes angedeutet. (Owen Tudor selbst wurde zuletzt von den Anhängern der »Weißen Rose« gefangengenommen und 1461 in Hereford geköpft.)

Arnim kehrte erst im Oktober 1804 nach Deutschland zurück, wo ihn Clemens Brentano sehnlich erwartete. Arnim fand in den folgenden Jahren seine geistige Heimat in dem Heidelberger Kreis der Romantiker, dem außer Brentano und ihm Görres, Creutzer, Eichendorff u. a. zugehörten. Mit Brentano gab Arnim jene Sammlung deutscher Volkslieder *(Des Knaben Wunderhorn)* heraus, mit der er einen einmaligen nationalen Kulturbesitz vor dem Untergang rettete, ähnlich wie seine Freunde, die Brüder Grimm, den deutschen Märchenschatz bargen.

Mit den Brentanos, jener Familie, die er »eine Mischung von Feuer und Magnetismus« nannte, verband er sich noch enger durch seine Ehe mit Clemens' Schwester Bettina. Mit ihr verbrachte er, umgeben von einem bedeutenden Berliner Freundeskreis, die zweite Hälfte seines Lebens als Gutsherr in Wiepersdorf in der Mark, wo er 1831 kurz vor seinem 50. Geburtstag starb. Er war nicht Gutsherr aus Leidenschaft. Trotz aller persönlichen und herkunftsmäßigen Auszeichnungen erlangte er bei seinem Gegensatz zur Hardenbergschen Politik keine Anstellung in Berlin. (Wilhelm von Humboldt schlug ihn z. B. für den Botschafterposten in Rom vor.) In Süddeutschland fiel der »königlich schöne« Mann durch seine ruhig-norddeutsche Art auf, in Berlin aber wirkte er nach dem langen Umgang mit den Romantikern offenbar zu extravagant. Er war irgendwie dazwischen geraten. Auch als Dichter. Noch heute ist er den Verehrern des Romantischen zu realistisch, den Verehrern des Realismus zu romantisch. Das ist seine Schwäche – und sein Reiz, seine Stärke. Dieser Gegensatz ist nicht ohne Versöhnung: in seinem echten Humor. In vielen seiner Novellen, vor allem in *Isabella von Ägypten*, übertrifft er an Gespensterspuk noch E. T. A. Hoffmann, obwohl er nicht so virtuos auf den Effekt hin zu schreiben versteht wie dieser. Arnim schaudert nicht mit, sondern schildert beobachtend das Reale wie das Irreale in einem gleichmäßigen Fluß des Erzählens, der in merkwürdigem Gegensatz zu seiner Neigung zur stofflichen Uferlosigkeit steht. Die romantische Lehre vom Volksgeist ist bei ihm keine Theorie geblieben. Von Anfang an hat er einen scharfen Blick für den volkstumsmäßigen Hintergrund seiner Stoffe. Mit welchem Verständnis ist im *Owen Tudor* das alte historische England neben das ihm gegenwärtige gestellt und in seinem krausen Wundersinn, seinem gutmütigen Spleen, seinen Sekten, seinem Geldsinn porträtiert. Es ist schwerlich eine Liebesgeschichte zu finden, die an romantischer Absonderlichkeit jene zwischen Katharina und ihrem einstigen Pagen überbietet. Und nicht minder originell ist die kunstvoll eingeflochtene Liebesgeschichte der die typenreiche Reisegesellschaft unterhaltenden Waliserin.

Eine Dame der Berliner Gesellschaft verwunderte sich einmal darüber, warum Achim Arnim (»Ach, im Arm ihm« nannten ihn die Damen), der doch ein Mann mit so feinen Manieren sei, so grausige Geschichten schreibe. Um Arnim zu verstehen, kommt tatsächlich alles darauf an, sich im klaren zu sein, welche Bedeutung das Spukhafte bei ihm hat. Ist es ein genialisches Spiel wie bei Brentano oder eine Zauberkunst wie bei E. T. A. Hoffmann oder voll von Dämonie wie bei Heinrich von Kleist? Man darf bei Arnim nie ein gewisses naturwissenschaftliches Interesse außer acht lassen. Arnim ist auf der Suche nach einer höheren Gesetzmäßigkeit der Natur, die sich nur durch die Phantasie erschließt. In einer seiner besten Erzählungen, *Der Majoratsherr*, ist der Satz im Druck hervorgehoben: »... und es erschien überall durch den Bau dieser Welt eine höhere, welche den Sinnen nur in der Phantasie erkenntlich wird: in der Phantasie, die zwischen beiden Welten als Vermittlerin steht und immer neu den toten Stoff der Umhüllung zu lebender Gestaltung vergeistigt, indem sie das Höhere verkörpert.« Arnim experimentiert im Grunde mit dem Phantastischen. Er betreibt gleichsam eine geistige Chemie, um uns begreifen zu lassen, wofür kein Begriff zu Gebote steht. Heinrich Heine, der tief über Arnim nachgedacht hat, meint, Arnim sei nie so recht populär geworden, weil er kein Dichter des Lebens, sondern ein Dichter des Todes sei. Gewiß, Arnim spürte in dem damaligen Zeitenumbruch das Schicksal des Feudaladels, dem er sich als Erbe langer Geschlechterreihen verbunden fühlte; er sah die Heraufkunft der Industrie und des Geldes. Und der Aristokrat in ihm hatte auch ein elementares Gefühl für Schicksal und Verhängnis von Dynastien und Völkerschaften, z. B. der Zigeuner, der Juden, der Waliser. In dem gewaltigsten seiner Fragmente, dem Roman *Die Kronenwächter*, gestaltet er die unglücklichen Nachkommen der Hohenstaufen. Das Symbol von Fluch und Erlösung begegnet oft.

Das Fluch-Motiv bildet auch die romantische Seite seiner Meisternovelle *Der tolle Invalide*, einem jener klassischen Prosastücke, das in keiner Auswahl bester deutscher Novellen fehlt. Drängt sich dieser Fluch nur fremdartig-störend in die nur zu reale Soldatenwelt? Als Rosalie todesbereit ihren Gang wagt, heißt es: »Viele fluchten auf Rosalien, weil sie Francœurs Frau war, aber dieser Fluch berührte sie nicht.« Ob der Fluch Macht über sie hat, hängt also mit von ihr ab. Daß sie den Fluch ihrer Mutter innerlich übernommen hat, drückt symbolisch ein geheimes Gefühl der Schuld in ihr selbst aus. In der Zeit der Abfassung der Novelle war bei dem preußischen Napoleon-Haß ein Mädchen, das einem französischen Soldaten nachlief, etwas Fluchwürdiges. Da der Fluch aber nur durch die gefühlte Schuld seine Realität hat, wohnt auch in dem entschlossenen menschlichen Willen die siegende, fluchlösende Kraft.

Diese Novelle, die das Formgesetz der Novelle – ein außerordentliches Ereignis als Zentrum – so klassisch erfüllt, hat sich aber, wie alle wahrhaft bleibenden Werke, von selbst geschrieben. Hier ist ein Stoff, dem übrigens eine wirkliche Begebenheit zugrunde lag, zu seinem Dichter gekommen. Die Wirkung liegt letztlich darin, daß Arnim sozusagen ein militärisches Urphänomen einfängt, eine Versuchung jedes soldatischen Gewissens: einmal den Ausbruch des Soldaten aus dem Gehorsam; zum anderen den Ausbruch des erbitterten, abgeschobenen Invaliden aus der Tatenlosigkeit.

Arnim bleibt – im Gegensatz zu den andern Romantikern – ziemlich unsichtbar hinter seinem Werk. Bezeichnenderweise gelingt ihm sein Bestes in einem Nebenwerk. Menschlich am nächsten kommen wir ihm in den humorigen Sentenzen seiner Lebensklugheit und adeligen Welterfahrung, die sich überall in seinen Werken verstreut finden. Denn nicht viele Dichter waren mit einem nüchternen, redlichen Urteil so begabt wie er.

*Kurt Weigand*

# INHALT